KB207341

비범한 일을
성취하라

비범한
일을
성취하라

• 초판 1쇄 발행 2013년 4월 2일

• 지은이 박원규
• 펴낸이 정종현
• 펴낸곳 도서출판 누가

• 등록번호 제20-342호
• 등록일자 제2008. 8. 30
• 주소 서울시 강서구 염창동 282-19 현대아이파크상가 B 102호
• 전화 02-826-8802 팩스 02-826-8803

• 정가 12,000원
• ISBN 978-89-92735-76-6 03230

* 독자의 의견을 기다립니다.
* lukevision@hanmail.net

비범한 일을 성취하라

하나님의 방법으로 인도하시는 길을 따라 순종하며 사는 삶

박원규 지음

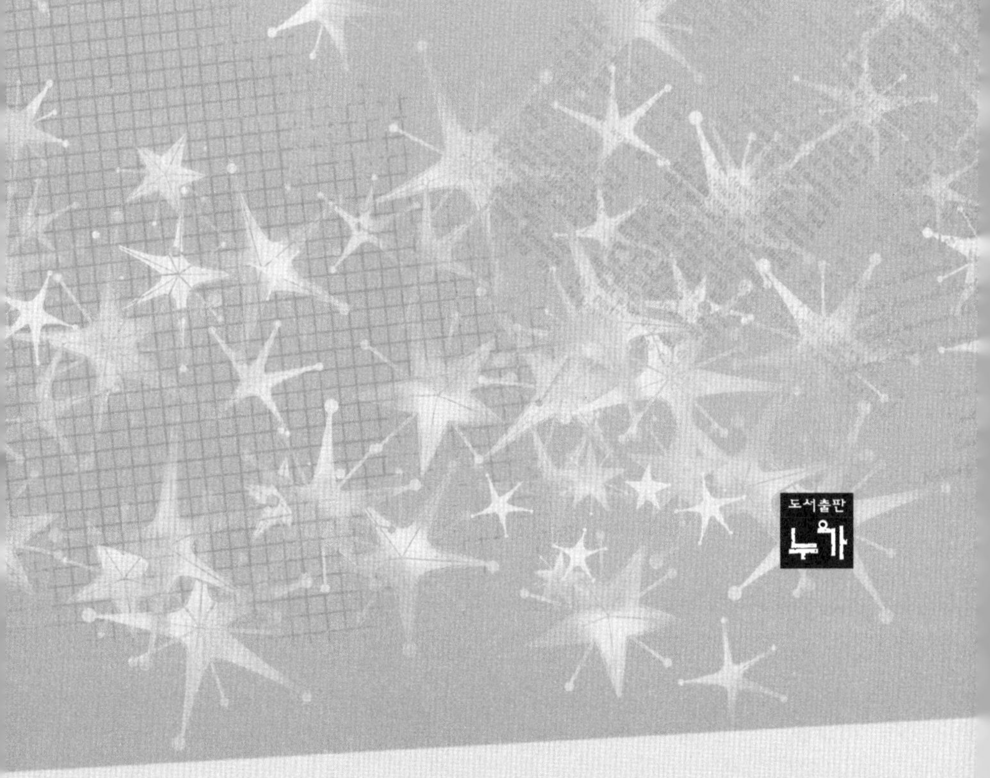

도서출판 누가

● 추천의 글 1 ●

『명작 인생』이란 책으로 많은 사람들에게 현재의 삶에서 자신을 성찰케 하고 무엇을 위해 살아야 할 것인가에 대한 분명한 목표를 갖고 성경적 패러다임으로 자신과 세상을 향해 도전을 갖게 하여 안일한 삶을 살고 있는 우리들에게 신선한 충격을 주었던 저자는 또 다시 『비범한 일을 성취하라』는 책을 저술하여 추천을 의뢰했다.

저자와는 30여 년 동안 은혜와 진리를 함께 나누면서 그의 상처와 아픔도 알고 실패도 보고 성품도 알고 삶도 보았으며 그가 추구하는 꿈도 보아왔다.

추천서를 의뢰하여 책을 읽으면서 30여 년 동안 교제해 오는 동안 알아 왔던 저자의 삶과 추구하는 저자의 꿈을 농축시킨 책이라 생각되며 저자의 성경에 대한 해박한 지식과 영적 삶을 통해 쌓아온 체험들을, 은혜를 사모하고 비범한 인생을 꿈꾸는 사람들에게 강력하게 추천하고 싶다.

저자가 독자에게 꼭 전하고 싶은 내용은 삶을 살아가는 모든 사람들은 자신의 존재가치나, 현재의 상황이나, 불투명한 미래에 부정적 생각과 태도를 가질 수밖에 없지만 자신의 존재가치를 깨닫고, 하나님과 말씀에 위대하심을 반복하여 체험할 때, 삶에 끈질기게 역사하는 집착과 교만과 이기심과 관념의 우상들을 버리게 된다는 것이다.

또한 우상을 버릴 때 성령의 충만을 받게 되고 성령의 충만을 받을 때만이 성경적 패러다임으로 어둠의 세상을 향해 도전할 수 있고 하나님의 은혜로 성경적 패러다임으로 도전할 때 기쁨과 감격의 승리를 경험하며 축복된 열매들을 거두게 된다는 성경의 핵심 된 진리를 기드온의 생애를 통해 우리에게 말해 주고 있다.

히브리서 11장에 기록된 것처럼 "저희가 믿음으로 나라들을 이기기도 하며 의를 행하기도 하며 약속을 받기도 하며 사자들의 입을 막기도 하며 불의 세력을 멸하기도 하며 칼날을 피하기도 하며 연약한 가운데서 강하게 되기도 하며 전쟁에 용맹 되어 이방 사람들의 진을 물리치기도 한 것처럼" 성경적 패러다임에 의한 믿음의 도전이 하나님의 나라를 세우고 세상을 변화시키고 구원의 역사를 이루며 인류역사에 진보를 이루고 비범한 일을 성취해 왔음을 생각게 하는 책이다. 신앙생활에 커다란 도움이 되리라 생각하여 꼭 추천하고 싶다.

신순철 | 수도 교회 목사

이 책은 저자가 일 년 전에 발간한 베스트셀러 『명작 인생』의 2탄이라고 말할 수 있습니다. 『명작 인생』에서도 그러했듯이 이 책에서도 저자는 하나님을 신뢰하는 가운데 비범한 인생을 살아온 수많은 위인들의 감동적인 삶들을 생생하게 소개하고 있습니다. 그리하여 독자들도 그들처럼 비범하고 영광스러운 삶을 살아가도록 결단하게 만듭니다.

특히 저자가 이 책에서 다루고 있는 긍정적인 생각의 중요성, 열등감을 극복하는 비결, 하나님과의 관계의 중요성, 성령 충만한 삶을 사는 비결, 하나님의 말씀을 의지하여 사는 일의 중요성 등은 매일 주님의 제자로 쓰임 받고 있는 사람들에게 귀한 지침이 됩니다. 뿐만 아니라 어려운 세상살이 속에서 돌파구를 찾아 새롭게 기독교 신앙에 입문하기를 원하는 분들에게도 균형 잡힌 신앙생활을 할 수 있도록 도움을 제공하게 됩니다. 그러므로 이 책은 활동적인 그리스도인들과 아울러 제자들을 훈련시키기를 원하는 교회 지도자들이 많은 유익을 얻을 수 있는 책이 될 것입니다.

그리스도인들의 균형잡힌 신앙생활을 장려하기 위해 교훈을 하게 될 때 일반적으로 딱딱한 교리적 가르침이나 추상적인 논리들이 제시되기가 쉽지만, 저자는 하나님께서 비범하게 쓰신 위대한 사람들의 삶들을 실제적으로, 그리고 감동적으로 소개함으로서 독자들이 쉽게 교훈을 얻게 만듭니다. 특히 저자의 풍부한 독서 생활의 결과로 소개되는 비범한 신앙적 위인들의 간증들은 독서하는 내내 감격하는 마음과 감사하는 자세로 일관하게 만듭니다.

아무쪼록 이 책이 많은 교회 지도자들과 그리스도인들을 통해 읽혀지고 가르쳐져서 그들의 삶이 하나님 앞과 사람들 앞에서 비범하게 쓰임 받게 되기를 간절히 바랍니다. 독서할 가치가 있는 책을 다시 발간해 주신 저자 박원규 목사님께 깊이 감사드립니다.

이형원 | 교수, 침례신학대학교 신학대학원장

● 감사의 글 ●

하나님께 깊은 감사와 뜨거운 사랑의 고백을 드리고 싶습니다.

하나님의 크신 사랑을 받았으면서도 아직도 성숙되지 못한 자아를 발견하고 하나님께 깊은 회개를 드리게 되었습니다. 성숙하지 못한 종을 무한히 기다리고 사랑하여 주시는 하나님을 이전 보다 더욱 사랑하며 살기를 다짐하면서 성경적 패러다임으로 세상 가치에 도전하여 하나님의 인도와 도움으로 비범한 일을 성취하고자 합니다.

이 책은 하나님께서 제 자신에게 말씀에 의지하여 "비범한 일을 성취하라"는 엄숙한 명령으로 생각하며 저술하게 되었습니다. 또한 베트남 능력 교회 모든 성도들과 함께 믿음으로 도전하여 승리함으로 하나님께 영광 돌릴 것을 다짐하면서 성령의 인도하심 따라 저술하게 되었습니다.

이 지면을 빌려서 감사를 드리고 싶은 분들이 너무 많습니다만 저를 낳아 길러 주시고 주의 종에 길을 가게 하신 어머님과 아버님께 깊은 감사를 드리며 30년 동안 목회의 동역자로서 멘토 역할을 해 주신 신순철 목사님과 부족한 종의 졸작에 추천서를 보내 주신 이형원 교수님에게 깊은 감사를 드립니다. 그리고 베트남 능력 교회 성도님들의 많은 기도와 사랑을 통해 "비범한 일을 성취하라"는 책을 쓸 수 있었음을 감사드립니다.

무더운 베트남에서 많은 외로움과 육신적으로 힘든 상황에서도 변함없는 사랑으로 헌신해준 아내에게 뜨거운 감사를 전하며 의지할 것 없는 미국에서 미래를 준비하는 사랑하는 딸 민원이와 목회자의 길을 가기 위해 어려운 가운데서도 감사함으로 학업에 전념하고 있는 아들 민우에게 감사를 전합니다.

"온 백성에게 미칠 큰 기쁨의 좋은 소식"을 생각하며

박 원규 목사

● 차례 ●

2장. 하나님과 말씀의 위대하심(기적)을 체험하라

3장. 하나님과 친밀한 사랑의 관계를 회복하라

4장. 성령의 충만을 끊임없이 갈망하라

5장 성경적 패러다임으로 세상의 가치에 도전하라

6장 비범한 일을 성취한 사람들의 공통점

● 서문(삿 6:11-삿 8:3) ●

사람들은 누구나 성공을 꿈꾼다. 그리고 성공을 위해 노력한다. 성공하기 위해 스펙을 쌓고 자신의 모든 것을 걸어 내일의 성공을 담보 삼아 오늘을 희생한다. 사람 관계를 맺는 것도 성공여부에 따라 달라진다. 나보다 성공한 사람을 질시하고 나보다 성공하지 못한 사람을 무시한다. 성공 세미나 등에는 사람들이 넘쳐난다. 성공한 사람들은 선망의 대상이 된다. 서점에는 성공학과 관련된 코너가 따로 있을 정도이다. 성공이라는 말만 들어도 가슴이 뛰는 이들도 있다.

도대체 성공이 무엇이기에 이렇게 모든 사람들이 불나방처럼 성공을 좇아 내달리는 것일까? 사회적 지위나 명예를 얻는 것, 사업을 크게 발전시키거나 재산을 많이 모으면 성공하는 것일까? 만약 당신이 그런 방법을 알려주는 책을 찾고 있다면 여기서 이 책의 책장을 덮는 편이 낫겠다.

그러나 성공의 참 의미를 알고 싶다면, 그저 잠시 있다 사라지는 허무한 성공이 아닌 영원한 성공에 참예하고 싶다면, 하나님의 놀라운 사역의 역사에 동참하여 비범한 일을 성취하고 싶다면 이 책은 당신에게 하나의 방향을 제시해 줄 수 있을지도 모르겠다.

하나님의 말씀인 성경 사사기서에 기드온이라는 이스라엘 사사의 이야기가 나온다. 이스라엘의 암흑기로 간주되는 사사시대의 가장 대표적 영웅의 한 사람었던(삼상 12:11, 히 11:33) 기드온을 위해 성경은 그 어떤 사사보다도 많은 지면을 할애하고 있다(삿 6-9장). 특히 "횃불 작전" 및 "항아리 작전"으로 불리는 그의 전쟁은(삿 7:15-23) 마치 이순신의 한산대첩처럼, 그리고 다윗과 골리앗이 대결했던 엘라 골짜기 전쟁처럼, 이스라엘 사람에겐 통쾌하기 그지없는 유명한 전쟁이었다.

약 400년 뒤에 이사야 선지자는 이 전쟁을 장차 메시아를 통해 성취될 이스라엘 해방의 모형으로 삼고 있으며(사 9:4, 10:26), 시편 기자도 미디안 군대의 사령관들이 척결되듯이 자신의 원수들이 척결되기를 간구할 정도로 기드온의 이야기는 이스라엘 역사에 빠질 수 없는 이야기이다.

그런데 좀 의아한 것은 이스라엘의 영웅으로 불리울 만큼 놀라운 일을 행했던 사사 기드온이 우리가 보는 세상적인 관점으로 볼 때 그리 특출 나 보이지 않는다는 것이다. 기드온은 요즘 말로 스펙이 좋은 사람도, 엄친아 처럼 모든 걸 다 갖춘 사람도 아니었다. 그는 12지파 가운데 가장 나약한 므낫세 지파의 아비에셀 가문 출신이었으며(삿 6:15), 설상가상으로 그의 아버지는 야웨를 배반하고 바알과 아세라를 추종하는(6:25-32) 사람이었다. 가문뿐만이 아니다. 기드온 스스로도 자신과 국가가 처한 불행한 현실에 대해 하나님을 원망하고(6:13), 부정적인 생각과 태도를 가진 사람이었다.

이런 기드온이 자신의 생명을 걸고 종교개혁을 단행한다. 부친의 바알 신당과 아세라상을 훼파함으로 "여룹바알"(바알과 다투는 자)이라는 명예를 얻었다. 아울러 이스라엘의 생존을 위협하는 중과부적의 미디안 연합군과의 전쟁에서 단 300명의 군사로 대승을 거둘 뿐 아니라 이후 40년 동안 태평세대를 누리게 한다. 백성들로부터 왕으로 추대 받기까지 한다(삿 8:22). 이 얼마나 놀라운 일인가?

대체 기드온에게 어떤 일이 있었던 것일까? 무엇이 그를 그렇게 놀라운 일을 할 수 있도록 만들었을까? 그것에 대한 답은 너무나 확실하게도 그가 하나님과 함께 했다는 것이다. 하나님의 은혜가 그에게 임했고, 하나님이 모든 일을 예비하신 후 그를 불러 하나님의 일에 참예케 하사 그로 하여금 비범한 일을 성취케 하였다는 것이다.

기드온은 하나님이 부르셨을 때 하나님의 인도하심을 따라 믿음으로 순종함으로 전쟁에 나갔고 승리할 수 있었다. 그는 그 전쟁이 자신의 힘으로, 자신의 능으로 이긴 것이 아니라는 것을 알았다. 그래서 백성들이 왕으로 추대했을 때에도 "내가 너희를 다스리지 아니하겠고…… 여호와께서 너희를 다스리시리라"(삿 8:23)라고 말할 수 있었던 것이다. 사실 하나님의 피조물인 우리 인간에게 있어서 가장 큰 성공은 하나님이 우리 각자를 위해 예비해두신 뜻에 맞게 사는 것이다.

하나님이 사용하시고자 하는 곳에, 사용하시고자 하는 때에, 하나님의 방법으로 인도하시는 길을 따라 가는 것 그것이 바로 성공이며 비범한 일을 성취하는 길이다. 그리고 기드온은 하나님의 부르심에 응답했기에 비범한 일을 성취할 수 있었던 것이다.

이스라엘 백성 중에는 기드온보다 더 좋은 가정환경과 자질을 갖춘 사람이 많이 있었을 것이다. 그럼에도 불구하고 하나님께서는 기드온을 택하셨다. 그렇다면 하나님은 왜 많고 많은 이스라엘 백성들 중에서 신앙과 인격 등에서 부족해 보이기만 한 기드온을 지명하여 중차대한 민족구원의 사명을 맡기셨을까?

기드온이 부정적인 생각에 사로잡혀 있을 때에도 하나님은 그의 모든 투정을 다 들어주시고 약속의 말씀을 주셨다. 기드온이 믿지 못하고 여러 번의 증거를 구했을 때도 하나님은 그의 모든 기도를 들어 응답하심으로 함께 하심을 보여 주셨다.

그 과정들을 통해서 하나님은 기드온을 기다려 주셨다. 기드온이 하나님의 강한 용사가 될 때까지, 기드온이 하나님이 주신 약속을 믿고 성경적 패러다임을 가지고 도전할 수 있을 때까지, 하나님은 이미 모든 것을 준비해 놓고도 기드온이 그 놀라운 역사의 현장에 함께함으로 비범한 일을 성취할 수 있기를 바라셨다.

하나님을 만나기 전 기드온의 삶은 어찌 보면 우리의 삶의 모습과 너무나도 닮아 있다. 주위에는 내가 어찌할 수 없는 적들이 에워싸고 있고, 우상이 만연하고, 하나님마저도 나를 버리신 것 같고, 그래서 부정적인 생각들로 좌절하고 낙담하고 있는 모습이 바로 우리의 모습이 아닌가?

그러나 그런 기드온에게 하나님은 찾아오셔서 하나님의 기적의 역사를 함께 하자고 하신다. 만약 기드온이 세상의 위인전에 나오는 인물처럼 잘나고 똑똑하고 좋은 가문과 물질을 갖춘 사람이었다면 그의 이야기는 나와는 동떨어진 남의 이야기일 뿐일 것이다. 그러나 하나님은 그런 세상적인 관점으로 모든 것을 갖춘 사람을 찾고 계신 것이 아니다.

기드온이 하나님을 만남으로 인해 바뀌는 그의 삶의 궤적을 따라가는 것은 우리에게 귀한 지표가 될 수 있다. 하나님이 기드온과 함께 하심으로 기드온을 통해 하나님의 뜻을 이루심으로, 기드온은 자기 의지와 생각, 자기 방법으로 꿈을 이루는 평범한 인생에서 하나님의 말씀을 믿고 순종함으로 가치 있고 많은 사람에게 축복이 되고 하나님께 영광이 되는 비범한 일을 행하는 인생으로 변화되었다.

그리고 이러한 놀라운 역사는 기드온에게만 일어났던 일로 끝나지 않는다. 이러한 변화의 역사가 단지 기드온에게만 국한된 것이라면 그것은 우리와 아무 상관없는 일일 뿐이다.

하나님께서는 기드온의 시대와 마찬가지로 오늘날도 변함없이 하나님의 사역을 계속하고 계신다. 그리고 오늘날도 여전히 하나님과 함께 비범한 일을 성취할 사람들을 찾고 계신다. 그리고 그 사람이 바로 당신이 되길 원하고 계신다. 하나님의 거룩한 부르심에 응답하라. 하나님을 믿고 신뢰함으로 당신을 통해 하나님의 능력의 역사가 이루어지기를 기대하며 도전하라. 하나님께서 모든 것을 예비해두신 채 당신을 기다리고 계신다. 하나님의 은혜 안에 거하며 하나님과 함께 비범한 일을 성취하라.

비범한 일을 성취할 수 있는 유일한 길은 예수님께서 두려움과 절망에 빠진 제자들에게 "내가 진실로 진실로 너희에게 이르노니 나를 믿는 자는 나의 하는 일을 저도 할 것이요 또한 이보다 큰 것도 하리니 이는 내가 아버지께로 감이니라 너희가 내 이름으로 무엇을 구하든지 내가 시행하리니 이는 아버지로 하여금 아들을 인하여 영광을 얻으시게 하려 함이라"(요 14:12-13)에 해답(요 16:7-15)이 있다.

구약의 스가랴 선지자가 "만군의 여호와께서 말씀하시되 이는 힘으로 되지 아니하며 능으로 되지 아니하고 오직 나의 신으로 되느니라"(슥 4:6)고 예언한 것처럼 오직 성령님과 함께 할 때만이 비범한 일을 성취할 수 있다. 바울 사도의 "오직 성령의 충만을 받으라"(엡 5:18)는 절규를 가슴에 새기고 "구하고 찾고 두드리면 하나님께서 성령을 부어 주심"(눅 11:9-13)으로 성령님과 함께 비범한 일을 성취하여 하나님께 영광을 드리자.

1장

믿음에 의한 긍정적 생각으로 무장하라

1. 생각의 중요성 인식하기

미국의 사회학자 커밍워크Cumming Walk는 사람이 성공하기 위해서는 머리I.Q가 좋아야 하고, 지식Knowledge이 있어야 하며, 기술Technique이 필요하고, 태도Attitude가 중요하다고 했다. 또 이 4가지 요인이 같은 비중을 갖는 것이 아니라 93% 이상의 결정적인 영향을 주는 것이 있으니 그것이 바로 '태도'라고 했다. 즉, 어떤 태도를 갖느냐가 인생의 불행과 행복, 실패와 성공을 좌우한다는 것이다.

또 정보통신부 장관을 지냈던 진대제 장관의 『열정을 경영하라』는 책에는 인생을 100점짜리로 만드는 조건이라는 재미있는 이야기가 나오는데 알파벳에 A=1, B=2, C=3, … Z=26 이런 식으로 숫자를 매긴 후 어떤 단어의 알파벳에 매겨진 숫자를 모두 더해 100점이 되는 단어를 찾는 것이다. 예를 들어 열심히 일한다는 Hard Work=98점(8+1+18+4+23+15+18+11)이라는 식이다.

이런 방식을 여러 단어에 적용해 보면 지식Knowledge은 96점, 사랑Love은 54점, 운Luck은 47점, 돈Money은 72점, 리더십Leadership은 89점이라는 결과를 얻는다. 그러니까 열심히 일하는 것, 지식이 많은 것이 100점 인생을 만드는 것은 아니라는 것이다.

그런데 재미있는 것은 태도Attitude라는 글자의 합이 100점이라는 것이다. 우연의 일치일지 모르나 어떤 생각을 갖느냐, 어떤 태도를 갖느냐가 100점짜리 인생을 만드는 중요한 요소임은 틀림없다.

그럼 이렇게 중요한 태도는 어떻게 형성되는 것일까? 우리가 알아야 할 것은 태도는 생각에서 기인된 결과라는 점이다. 어떤 생각을 하느냐에 따라 보는 것, 듣는 것, 말하는 것, 행동하는 것에 영향을 받게 된다. 그리고 이러한 것들이 반복되면서 한 사람의 태도가 형성되는 것이다. 그래서 긍정적인 생각을 하는 사람은 좋은 점만 보고, 좋은 것만 듣고, 능동적인 행동을 함으로 꿈과 열정을 가지고 새로운 일에 도전한다. 반면 부정적인 생각을 하는 사람은 나쁜 점만 보고, 나쁜 것만 듣고, 소극적인 행동을 함으로 꿈도 열정도 없이 수동적인 삶을 산다.

성공학의 대가 지그 지글러Zig Ziglar가 쓴 『정상에서 만납시다』라는 책을 보면, 천재였음에도 불구하고 17년 동안 저능아로 살아야 했던 '빅터 세리브리아코프'Victor Serebriakoff라는 사람의 이야기가 나온다. 어린 시절 말더듬이 증상도 있었던 데다가 성적도

좋지 않았던 빅터가 15살이 되던 해에 선생님은 공부와 인연이 없는 것 같으니 학교를 그만두라고 충고하였고, 그 충고를 받아들인 빅터는 자신에 대한 부정적인 생각을 가진 채 특별한 비전도 없이 여러 직장을 전전하며 17년을 살아간다.

그러다 군 입대를 위한 절차 중 하나로 한 IQ 테스트에서 빅터의 IQ가 161이라는 것이 알려지면서 그의 삶은 180도로 변하기 시작한다. 그는 여러 분야에서 과거와 달리 매우 뛰어난 성과를 보이기 시작했고, 책을 쓰고 특허를 내고 성공적인 기업가가 되어갔다. 더욱이나 그는 IQ 140 이상의 천재들만이 회원이 될 수 있는 국제 멘사Mensa 클럽의 회장이 되기까지 했다.

빅터가 하루아침에 엄청난 분량의 지식을 얻은 것은 아니다. 다만, 빅터는 자신에 대한 자신감을 되찾았고, 모든 것을 할 수 있다는 긍정적인 생각을 가지기 시작했을 뿐이다. 그 작은 생각의 변화가 그의 행동을 바꾸었고, 열정적이고 도전적인 태도를 만들어 이제까지와는 다른 결과를 만들며 빅터의 삶 전체를 바꾸었던 것이다.

빅터 세리브리아코프의 이야기는 주위 사람들과 환경에 의해서 '자신에 대한 부정적인 생각'(열등감)이 형성된 사람이 '자신에 대한 긍정적인 생각'(자신감)을 갖게 되었을 때 얼마나 다른 결과를 낳게 되는지를 보여주고 있다.

이렇듯 사람이 '어떤 생각을 하느냐'는 평범한 삶과 비범한 삶의 갈림길이 되는 매우 중요한 문제이다. 자신과 사람들과 현재의 상황과 미래에 대해 부정적인 생각을 하는 사람들은 소극적이고 피동적일 수밖에 없지만, 긍정적인 생각을 하는 사람들은 적극적이고 창조적일 수밖에 없기 때문에 어떤 생각을 갖느냐가 삶의 방향을 결정짓는 분기점이 되는 것이다.

그래서 성경은 "무릇 지킬만한 것보다 더욱 네 마음을 지키라 생명의 근원이 이에서 남이니라"(잠 4:23)라고 말하고 있다. 또 "대저 그 마음의 생각이 어떠하면 그 위인도 그러한즉……"(잠 23:7)라고 말하며 생각과 태도의 중요성을 강조하고 있다.

2. 부정적 생각을 가졌던 이스라엘 열 지파

성경 민수기에는 우리가 잘 아는 이스라엘 백성들의 가나안 입성에 대한 이야기가 나온다. 이스라엘 백성들은 하나님의 은혜로 출애굽을 했고, 홍해를 건넜고, 구름기둥과 불기둥의 인도를 받으며 광야의 길을 건너오는 체험을 했다. 시내산에서 하나님을 만났고 하나님께서 함께 하신다는 상징인 성막도 완성하였다. 그들은 그 과정을 통해 하나님의 백성으로 거듭났으며, 땅을 정복할 진영도 완성하고 군대도 있었다. 이제 남은 일은 하나님의 약속을 믿고 그 땅을 취해 정복하는 일만 남았다.

이때 모세는 각 지파에서 족장을 한 명씩 뽑아 가나안 땅을 정탐하고 돌아올 것을 명령한다. 12명의 정탐꾼들은 가나안 땅에 가서 40일 동안 정탐을 하고 돌아온다(민 13:25). 그들은 모세에게 보고하기를 그 땅은 정말로 젖과 꿀이 흐르는 기름지고 풍요로운 땅이라고 보고했다. 그런데 그 다음부터 열 지파 족장과 두 지파 족장에 보고의 내용이 달라지기 시작했다. 땅은 기름지고 좋은 것이 분명하나 거기에 살고 있는 사람들이 문제라는 것이다.

12명 중에 10명의 사람들이 "당신이 우리를 보낸 땅에 간즉 과연 젖과 꿀이 그 땅에 흐르고"(민 13:27) 있지만 "그 땅 거민은 강하고 성읍은 견고하고 심히 클 뿐 아니라"(민 13:28)라고 말한다. 거기에 그치지 않고, 그들은 "우리가 두루 다니며 탐지한 땅은 그 거민을 삼키는 땅이요 거기서 본 모든 백성은 신장이 장대한 자들이며 거기서 또 네피림 후손 아낙 자손 대장부들을 보았나니 우리는 스스로 보기에도 메뚜기 같으니 그들의 보기에도 그와 같았을 것이니라"(민 13:32-33)라고 말한다.

이스라엘 10지파의 사람들은 젖과 꿀이 흐르는 약속의 땅보다 그곳에 있는 강한 거민과 견고한 성읍들을 보았다. 스스로를 메뚜기 같았다고 말하는 이들의 모습을 보면서 하나님의 은혜를 체험하고 돌보심 가운데 광야를 건너왔으면서 어떻게 저럴 수가 있냐고 비난할 수 없는 것은 그들의 모습이 바로 우리의 모습이기도 하기 때문이다.

우리의 삶 속에도 우리가 갈망하는 '젖과 꿀이 흐르는 땅'이 눈앞에 있지만 우리의 갈망을 방해하는 거민과 견고한 성읍들이 있다. 그것은 학벌, 배경, 경제적 문제, 건강의 문제 등 여러 가지 형태로 나타난다. 그리고 우리 또한 거민과 견고한 성읍들을 보며 좌절하고 낙담할 때가 많은 것이 사실이다. 그런 문제들은 때로는 너무 크게 다가와 도저히 내 힘으로 해결할 수 없을 것 같이 느껴질 때가 있다.

그러나 정말 중요한 문제는 거민과 견고한 성읍이라는 외형적인 문제들이 아니라 "스스로를 메뚜기 같다"고 말하고 느끼는 자신에 대한 부정적 생각과 태도에 있다.

상대를 장대한 거인으로 생각하고 '자신을 메뚜기 정도'로 생각하는 부정적 생각과 태도를 갖고 있는 사람은 아무 것도 볼 수 없고, 아무 것도 들을 수 없으며, 아무 것도 생각할 수 없는, 그래서 어떤 변화의 가능성조차 찾을 수 없는 사람인 것이다. 이렇게 자기 자신에 대해 부정적 생각과 태도를 갖는 사람들에게는 몇 가지 특성들을 찾아 볼 수 있다.

• 부정적인 생각과 태도를 가진 사람들의 특성

부정적인 생각을 가진 사람들은 자신의 외적 상황뿐만 아니라 자기 자신에 대해서도 부정적인 생각과 태도를 갖게 된다. 이는 흔히 열등감의 형태로 나타나기도 하는데 자기 자신을 무능하고 무가치한 존재로 여기는 만성적인 자기 개념이다. 이렇게 자신에 대해 부정적인 생각과 태도를 갖는 사람은 자신의 잠재력을 사장시키게 된다.

마태복음 25장 14절로 30절까지의 달란트 비유에서 한 달란트 받은 사람이 주인을 두려워 해 받은 달란트를 묻어두는 것과 마찬가지로, 자신의 열등감을 확인하게 될 것이라는 두려움 때문에 도전하지 못하고 주저하며 시도조차 못하는 무력감 속에서 하나님이 주신 은사, 능력, 재능, 창조성 등을 마비시킨다.

또 부정적인 생각과 태도를 가진 사람들은 꿈과 비전을 상실한다. 가나안을 정탐하고 온 10명의 족장들처럼 스스로를 메뚜기로 표현하며 가나안 정복이라는 꿈과 비전을 포기한다. 자신에 대한 부정적인 생각과 태도가 자신의 눈을 흐리게 하고 상대에 대한 두려움에 사로잡히게 해 가나안을 향한 도전의 꿈과 비전을 스스로 상실하게 만드는 것이다.

이렇듯 자신에 대한 부정적인 생각과 태도는 우리가 하나님의 자녀라는 것을 잊게 하고 우리를 통한 하나님의 계획까지도 과소평가하도록 만드는 죄악을 범하게 한다.

부정적인 생각과 태도를 가진 사람들은 특히나 상처받는 것에 대한 두려움이 많다. 그래서 사람들에 대해 방어적이고 적대감이 많고 비판적이며 자랑이 많고 의심과 부인이 심하다. 더욱이 수줍어하고 사람을 회피하며 경쟁상황을 피한다. 성공에 대한 기대도 없고 새로운 시도 자체를 두려워한다.

그리하여 생활의 즐거움, 일, 레저, 결혼생활, 다른 사람과의 관계에 지장을 초래한다. 심한 경우 더 상처받는 것을 피하기 위해 무관심이라는 심리적 전신갑주를 입고 다른 사람을 무시한 채

혼자만의 세계에 집착해 대인 접촉을 최대한 기피하기도 한다.

부정적인 생각은 방관자적인 세계관으로 세상을 바라보게 하여, 비합리적인 것이 분명한 일에도 자기주장만 고집하고 매사에 자기 방어적이고 불필요한 자기합리화를 일삼게 된다. 또 자신에 대한 비판에 지나치게 민감하기 때문에 자신과 상관없는 주위에서의 큰 웃음소리나 귀엣말을 자신을 비판하는 것으로 착각하고 불안해하는 반응을 보이기도 한다.

자신의 부정적 자아감을 해소하기 위해 남을 깎아 내리고 주위 사람의 결함을 일일이 지적하고 세세한 일까지 지시해야 마음이 후련해진다. 그리하여 종국에는 인간관계를 파괴하고 주위의 가장 가까운 가족마저도 힘들게 만들며 가정생활 또한 불행해지는 결과를 낳게 된다.

더욱이 가장 큰 문제는 부정적인 생각과 태도는 하나님과의 관계의 단절을 야기시킬 수 있다는 것이다. 스스로를 열등하고 가치없는 자로 여기기 때문에 하나님이 자신을 사랑하지 않고 돌보지 않는다는 생각을 함으로 하나님을 원망하게 되고, 하나님과의 관계성에 금이 가 죄의식에서 벗어나지 못하고 하나님이 주시는 사랑을 제대로 누리지 못하게 된다. 하나님과의 관계가 어긋나고 하나님의 사랑을 제대로 받아 드리지 못하면서 인간은 점점 더 불행한 삶의 길로 나아갈 수밖에 없게 되는 것이다.

3. 왜 자신에 대해 부정적 생각을 갖게 되는가?

그렇다면 하나님의 사랑을 받고 하나님이 주시는 축복을 누리며 살도록 창조된 인간이 왜 자신에 대한 부정적인 생각으로 불행한 삶을 살게 된 것일까? 그 원인을 알고 해결책을 찾는 것이 불행한 삶에서 성공적인 삶으로 옮겨가는 변화의 첫걸음이 될 것이다.

1) 원죄

우리는 그 첫 번째 원인을 원죄에서 찾을 수 있다. 인간은 스스로 완전하게 생겨난 존재가 아닌 하나님의 형상을 따라 빚어진 피조물이다. 즉, 스스로의 힘으로는 살아갈 수 없는 존재, 하나님을 의존해야만 행복할 수 있는 존재였다.

피조물이라는 의미는 창조주에 의해 만들어졌다는 의미를 넘어 창조주를 의지해야만 살아갈 수 있다는 뜻이다. 아담과 하와가 처음 창조되었을 때 그들은 모든 것이 부족한 상태였고 하나님이 없이는 살아갈 수 없는 상태였지만, 하나님과의 관계가 완벽함으로 모든 것이 풍족하였기 때문에 자신의 부족함을 전혀 인식하지 못했다.

이것은 마치 갓난아기가 어머니 품 안에 있을 때 그의 연약함이나 부족함을 인식하지 못하고 충분히 행복하고 평안해 하는 것과 마찬가지로 에덴동산에서의 하나님과의 관계가 완벽했을 때의 인간의 모습은 모든 것이 연약하고 부족했음에도 완벽한 평안과 행복을 누리는 모습이었다.

그러나 아담과 하와가 하나님의 절대 권위에 불순종하여 하나님이 말씀하신 "여호와 하나님이 그 사람에게 명하여 가라사대 동산 각종 나무의 실과는 네가 임으로 먹되 선악을 알게 하는 나무의 실과는 먹지 말라 네가 먹는 날에는 정녕 죽으리라"(창 2:16-17)는 말씀을 따르지 않고 하나님을 만홀이 여김과 헛된 욕심으로 선악과를 따먹는 불신과 불순종을 행함으로 인간에게는 치명적인 불행이 닥쳐왔다.

창세기 3장 7절 말씀에 "이에 그들의 눈이 밝아 자기들의 몸이 벗은 줄을 알고 무화과나무 잎을 엮어 치마를 하였더라."라고 기록되어 있다.

하나님의 말씀을 거역하고 선악과를 따 먹는 죄를 짓게 되면서 아담과 하와는 죄악의 결과 자신들의 눈이 밝아지자 자신들의 벗은 몸을 보게 되었고, 부끄러워했으며 부끄러움을 가리기 위해 나뭇잎으로 자신들의 벌거벗은 몸을 가렸다. 이것이 죄를 지으면서 인간이 취한 첫 번째 반응, 원죄 "자신에 대한 부정적인 생각"(열등감)을 만들어내는 장면인 것이다.

자신을 바라보며 부끄러워하는 아픔, 즉 "자신에 대한 부정적인 생각"(열등감)은 피조물로서의 자신을 발견할 때 생겨나는 상한 심령이다. 창조주와 분리된 자기 자신을 깨닫게 될 때 생기는 상한 감정인 것이다. 죄가 하나님을 바라보지 못하게 만들어 자기 자신을 의식하게 되고, 우리의 눈이 하나님을 향하지 못하고 자기 자신이나 주변 환경을 향해서 밝아지면서 생겨나는 원초적 감정 중 하나다.

따라서 자신에 대한 부정적 생각과 태도는 환경이나 외부적인 조건을 바꾼다고 해서 치유되는 것이 아니라 근원적인 면에서 하나님과의 관계를 올바르게 함으로서 치유 되는 것이다.

갓난아기처럼 다시 하나님의 품에 안겨 주님의 사랑을 확인하기만 하면 자연히 치유가 일어난다. 환경이 하나도 바뀌지 않아도 장애가 있어도, 가난해도, 그것이 우리를 위축시키거나 불행케 만들 수 없을 것이다.

2) 잘못된 가치 기준

미국의 맥스웰 멀츠Maxwell Maltz 박사는 적어도 95% 이상의 사람이 '자신에 대한 부정적인 생각'(열등감)을 가지고 있다고 말했다. 매스미디어가 발달하고, 돈과 명예 권력이 최고의 가치 기준이 된 현대 사회에서 사람들은 다른 사람들과 자신을 비교하고, 열등감과 부정적인 생각들에 사로잡혀 산다. 헛된 욕망의 포로가 되어 불행한 삶을 살기도 하고, 어떻게든 사람들에게 인정받고자 하고, 내면의 가치보다는 외적인 것에 치중하여 세상적인 소유에 집착해 실체가 없는 허상을 쫓으며 스스로를 파멸시키기도 한다.

또한 다른 사람들과의 관계에 있어서도 장점을 발견하고 칭찬하기 보다는 단점을 찾고 원망과 비판을 하며 인간관계를 망치곤 한다. 그러나 우리는 다른 어떤 사람에 비해 열등한 존재도 우월

한 존재도 아니다. 하나님께서는 우리들 한 사람 한 사람을 유일무이한 존재로 창조하셨으며 각자에게 독특하고 귀한 재능들을 허락하셨다.

그러므로 우리는 스스로를 있는 그대로 드러내고 각기 다른 모습으로 지어졌음을 기억하며 존귀한 존재로서의 자신을 인식해야 한다. 나와 내 주변의 사람들이 하나님의 형상대로 지음 받은 유일무이한 하나님의 창조물임을 기억하며 존귀한 존재로서의 삶을 살 수 있어야 한다. 그러기에 우리는 '영의 눈을 뜨고' 하나님의 시각으로 우리를 보아야 하고, 하나님의 기준으로 우리의 상황이나 미래를 보아야 한다.

요셉은 형제들에 의해 애굽 상인들에게 팔려가 감옥에 갇히는 고난을 겪는다. 세상적인 기준으로 봤을 때 그에게는 어떤 비전도 소망도 보이지 않는다. 또 광야에서 40년 동안 양치기를 하고 있는 모세를 보았을 때, 그는 무능하고 희망이 없는 사람으로 밖에 보이지 않는다. 남들이 보기에 뿐만 아니라, 요셉이나 모세 자신이 보기에도 어떤 미래도 없어 보였을 것이다. 그러나 하나님께서는 그들을 향한 완벽한 계획과 섭리를 가지고 계셨으며 역사하셨다.

하나님은 약속하신 비전(창 37:9)대로 주권적 역사를 하사 요셉을 애굽의 총리로 삼으셨고, 모세를 이스라엘 백성들을 이끌 민족의 지도자로 만드셨다. 그것은 어떤 요행이나 우연이 아니라 하나님의 주권적 섭리이며 계획하심이다.

하나님의 역사는 요셉이나 모세나 성경시대의 몇몇 사람에게만 이루어지는 것이 아니라 하나님의 자녀들 전부에게 이루어지는 것이라고 성경은 말하고 있다. 창조주 하나님은 우리 개개인을 창조한 목적에 맞춰 합당한 재능을 주시고, 비전을 주신다.

어느 한 순간도 하나님은 선택하고 약속한 자녀와 백성을 외면하지 않고, 말씀하시고 인도하시고 돌보시며 때로는 위로하고 때로는 징계하며 하나님의 방법대로 하나님의 시간과 기준에 맞춰 역사하고 계신다.

우리는 하나님의 기쁨이 될(습 3:17) 존재이고, 하나님께서 영광을 받으실 존재이며 왕 같은 제사장인 하나님의 자녀인 것이다. 하나님의 관점, 다른 말로 성경적 패러다임을 가지고 성경에서 하나님이 '선택된 하나님의 자녀인 백성들'을 어떻게 섭리하시고 역사하시는지 바라보라. 그리고 오늘날 하나님의 자녀로 선택 받은 당신을 통해 하나님이 하실 일을 기대하고 소망하라. 하나님께서는 지금도 당신을 향한 계획을 가지고 그 약속의 말씀을 이루어 나가고 계신다.

3) 실패에 대한 잘못된 인식

사람들은 실패를 반복하면서 자신의 무능을 인식하고 좌절하며 다른 사람과 비교하며 스스로를 자학함으로 자신에 대한 부정적인 생각을 갖게 된다. 그러나 실패란 성공을 향한 과정이며 성공을 위한 기초공사다. 토마스 에디슨은 전구를 만드는 데 필요한

발광물질을 찾기 위해서 수천 번의 실패를 겪었다.

그는 "나는 실패한 것이 아니다. 이제 나는 실행되지 않는 수천 가지의 방법을 안 것이다"라는 긍정적 태도를 보였다. 성공하지 못한 시도를 실패라고 치부해 버리지 말고, 그 안에서 교훈을 찾아야 한다. 실패를 통해 무엇을 깨달았는가? 무엇을 보았는가? 무엇을 생각하게 되었는가? 무엇에 초점을 맞추게 되었는가? 를 점검해 보아야만 한다.

많은 사람들은 실패를 두려워하지만 실패 자체는 아무 것도 아니다. 실패는 우리에게 또 다른 배움의 기회를 제공해 주는 것일 뿐이며 시행착오를 통해서 다음 실패를 최소화하게 되는 것이다.

인생에서 성공하고 싶다면, 실패에 대한 두려움을 버려야 하며 실패했을 때 자학하지 말아야 한다. 당신은 처음 자전거를 타기를 시도하면서 완벽하게 균형을 잡았는가? 당신은 처음 수영을 배우면서 밑바닥까지 빠져 보지 않았는가?

어린아이들은 실패를 두려워하지 않기 때문에 빨리 배운다. 아마 우리도 걸음마를 배울 때, 몇 걸음 걷다가 넘어지고 또다시 일어나기를 반복하면서 배웠을 것이다. 어린아이가 어설프게 첫발을 딛다가 넘어지고는 "나는 무능하고 쓸모없는 존재야, 나는 걷는 데 실패 했어"라고 말하는 것을 보았는가? 아이들은 일어나 다시 걷고, 점점 더 잘 걷게 된다.

그런데 어른들은 어린 시절 실패를 딛고 일어섰던 것들을 다 잊어버린 채 작은 실패에도 자학하고 낙심하고 좌절한다. 반복된 실패가 마음을 움추러 들게 만들고 부정적인 생각들이 마음을 닫아 버리게 한다.

즉, 진정한 문제는 실패가 아니라 '실패에 대한 부정적인 생각과 태도'에 있다. 그것은 또 다른 가능성에 도전하는 것을 가로막는다.

우리는 어리석고 연약하고 죄 된 인간이기에 인생의 많은 일에서 실패를 할 수 밖에 없다. 어느 누구도 모든 일을 다 잘 할 수는 없다. 어느 누구도 성공으로만 이어지는 삶을 살 수는 없다. 때때로 우리는 목적을 잊거나, 잘못된 판단을 하거나, 타이밍을 놓치게 됨으로 실패할 수 있다.

그러나 실패한다는 것이 우리가 열등하다는 것을 말하는 것은 아니다. 진짜 실패는 포기하는 것이다. 전투에서 졌다고 전쟁에서 지는 것은 아니다. 전반전에 실점을 했다고 해서 그 경기에서 지는 것은 아니다. 기회는 다시 찾아온다. 오히려 성공을 위한 필연적인 과정으로 실패가 필요할 때도 있다. 홍해와 요단강, 여리고성은 가나안으로 가는 필수 코스였다. 베토벤은 바이올린 연주에 실패했을 때 새로 작곡가의 길을 찾았고 엘리코 카루소는 노래와는 거리가 먼 목소리라는 담임선생의 혹평을 극복하고 성악가의 꿈을 이루었다. 인간을 감동시키고 따스함을 주는 메시지는 바로 실패를 통해서 나온다.

또한 어떤 때, 어떤 경우에는 실패로 여겨지는 것도 사실은 '하나님의 새로운 인도와 역사의 과정'이며 하나님의 깊은 섭리 가운데 있는 '훈련의 과정'이다. 예를 들면 모세의 미디안 광야의 삶이 모세의 혈기에 의한 잘못된 실수로 인한 실패이었지만 "합력하여 선을 이루시는 하나님"(롬 8:28)께서는 광야에서 모세를 훈련시키셨을 뿐 아니라 이스라엘 백성을 인도하는 지도자로 만드셨다.

실패 속에서 우리는 자신의 가장 진실 된 모습을 배울 수 있고 새로운 가능성을 발견하며 죄인인 것을 깨닫고, 인간에게 가장 중요한 겸손을 배우며 그동안 미처 알지 못했던 하나님의 위대함을 발견하게 된다.

그러기에 실패는 하나님을 만나고 알도록 만드는 과정이며, "나는 포도나무요 너희는 가지니 저가 내 안에 내가 저 안에 있으면 이 사람은 과실을 많이 맺나니 나를 떠나서는 너희가 아무것도 할 수 없음이라"는 주님의 말씀을 가슴에 깊이 새기는 과정이다. 항상 다른 사람들이 '나를 어떻게 생각할까'라는 생각에 매인다면, 당신은 더욱 위기에 빠지고 만다.

진정한 승리자는 사람이 아닌 하나님을 의식하면서 하나님의 말씀에 의지하여 항상 새로운 인도에 적극적으로 순응하는 사람이다. 성경은 "사람을 두려워하면 올무에 걸리게 되거니와 여호와를 의지하는 자는 안전하리라"(잠 29:25)라고 말하고 있다.

인간이 실패함으로 좌절할 때 하나님의 놀라운 능력의 역사는 시작된다. 현재의 실패 때문에 좌절하고 있는가? 하나님의 말씀을 의지하며 인도하심에 순응하여 한걸음을 내딛어 보자. 하나님께서는 지금 당신에게 새로운 시작을 위한 도전을 요구하는 신호를 보내고 계신다.

4. 부정적인 생각을 극복하는 세 가지 영적원리

우리는 부정적인 생각과 태도들이 스스로를 얼마나 피폐하게 만드는지 알게 되었다. 그럼에도 불구하고 계속되어왔던 부정적인 생각과 태도들을 긍정적이고 적극적인 생각과 태도로 변화시키는 것은 쉽지 않다. 그것은 원죄로 인해 자신에 대한 부정적인 생각을 갖게 되고, 잘못된 가치기준과 실패에 대한 잘못된 인식이 우리의 생각을 부정적으로 고착시켜 왔기 때문이다. 그래서 성경은 기드온의 삶의 통해 우리에게 부정적인 생각을 극복할 수 있는 몇 가지 영적 원리들을 알려주고 있다.

1) 토설하라

사사시대의 대표적 영웅의 한 사람으로 칭송 받는 기드온이지만 그가 처음부터 영웅적 면모를 보였던 것은 아니다. 하나님께서 천사를 통해 이스라엘을 구원해야 할 사명을 전했을 때, 기드온은 사람들과 상황과 미래에 대한 불안과 두려움에 짓눌려 자신에 대한 부정적인 생각과 태도를 가진 채 "미디안 사람에게 알리지 아니하려"(삿 6:11)고 숨어서 조국을 등지고 사명을 망각하는 모습을 보인다.

게다가 하나님이 우리와 함께 계시다면 이런 억울함과 형극의 시련이 있을 수 없다며 우리를 잊으셨거나 버리시지 않았느냐고 항변하며, 나는 가문도 별 볼일 없고, 집에서도 인정받지 못하는 존재라고 자신에 대한 부정적 생각과 태도를 보인다.

그러나 그가 자신의 현재 모습을 있는 그대로 인식하고, 그의 연약함과 부족함을 하나님 앞에 토설했을 때 하나님께서는 그에게 "내가 너를 보낸 것이 아니냐"(삿 6:14), "내가 반드시 너와 함께 하리라"(삿 6:16)라는 약속의 말씀을 주셨다.

오늘날 우리도 한치 앞도 내다 볼 수 없는 '불안정한 미래'를, 우리 앞에 있는 난공불락의 견고한 여리고 성 같은 '불가능한 상황'을, 스스로 생각하기에도 한심하고 '연약하고 부족한 자신의 모습'을 하나님 앞에 그대로 다 토설해야 한다. 많은 사람들이 사회적 지위나 평판, 다른 사람들에게 보여지는 나의 모습을 의식하며 실제 내 내면의 모습은 가리고, 내 문제들은 숨긴다.

그러나 내가 입은 상처, 갈등, 애타게 갈망하는 것, 해결해야 할 문제, 아무에게도 말하지 못하는 크고 작은 모든 비밀, 때로는 분노와 미움까지도 나를 진정 사랑하시고 축복하시는 하나님께 다 토설해야 한다. "백성들아 시시로 저를 의지하고 그 앞에 마음을 토하라 하나님은 우리의 피난처시로다"(시 62:8)라고 절규한 다윗처럼 자신이 가질 수밖에 없는 부정적인 생각들을 낱낱이 시시로 하나님 앞에 토설해야 한다.

우리의 모든 문제들을 다 토설하고 보면 문제의 형태는 여러 가지이나 실질적인 문제는 하나님이 나와 함께 하심을 믿느냐 믿지 못하느냐의 문제로 귀결된다. 전능자이신 하나님이 나와 함께 하시고, 나를 향한 놀라운 계획이 있으심을 믿는다면 염려하고 불안해하고 초조할 이유가 없다.

하나님께서는 "두려워 말라 내가 너와 함께 함이니라 놀라지 말라 나는 네 하나님이 됨이니라 내가 너를 굳세게 하리라 참으로 너를 도와주리라 참으로 나의 의로운 오른 손으로 너를 붙들리라"(사 41:10)는 약속의 말씀을 주셨다. 하나님께 내 모든 문제들을 토설하고, 내어 맡기자. 내가 하려고 하면 어렵고 불가능하고 낙담할 수밖에 없는 일들이지만 하나님께는 아무 것도 아닌 일이다. 하나님께서는 우리가 부족하다고, 연약하다고, 학벌이나 가문이 없다고 차별하거나 비난하지 않는다. 하나님은 우리의 있는 모습 그대로를 사랑하사 독생자 예수를 보내주셨고, 우리와 늘 함께 할 수 있도록 성령님을 보내주셨다. "우리에게 있는 대제사장은 우리 연약함을 체휼하지 아니하는 자가 아니요 모든 일에 우리와 한결 같이 시험을 받은 자로되 죄는 없으시니라 그러므로 우리가 긍휼하심을 받고 때를 따라 돕는 은혜를 얻기 위하여 은혜의 보좌 앞에 담대히 나아갈 것이니라"(히 4:15-16)라고 성경에 기록된 대로 대제사장 되신 예수님은 우리의 연약함을 직접 겪으셨기 때문에 우리의 약하고 부정적인 모습들을 누구보다 잘 알고 계신다.

그로므로 우리가 긍휼하심을 얻고 때를 따라 돕는 은혜를 얻기 위하여 하나님 앞에 담대히 나아가기만 하면, "볼지어다 내가 내 아버지의 약속하신 것을 너희에게 보내리니 너희는 위로부터 능력을 입히울 때까지 이 성에 유하라"(눅 24:49)라고 말씀하신대로 하나님의 은혜로 성령님을 보내 주시고 계속 성령을 충만케 부어 주신다.

또한 성령의 이끌림 속에서 예수님의 눈으로 하나님의 역사를 보게 하시고, 예수님처럼 하나님과 함께 동거, 동락, 동행, 동역하므로 승리케 하신다.

2) 음성(말씀, 약속)을 들으라

하나님의 부르심을 받기 전 기드온은 전쟁을 경험한 일도 없었고 군사 훈련을 받아 본 일도 없는 한낱 농부였다. 그런데 기드온을 찾아온 하나님의 사자는 기드온에게 "큰 용사여 여호와께서 너와 함께 계시도다"(삿 6:12)라고 말한다. 이 말은 하나님이 함께 하심으로 큰 용사가 될 기드온의 가능성과 잠재력을 보았기 때문이기도 하고, 하나님이 함께 하신다는 것 자체가 무엇이든 할 수 있다는 증거가 됨을 말하는 것이다. 즉, 하나님이 함께 하신다는 것은 권능이 임했다는 말이며 하나님이 함께 하신다는 믿음이 곧 큰 용사다운 능력으로 나타난다는 것이다.

그러나 기드온은 "주여 여호와께서 우리와 함께 계신다면 어찌하여 이 모든 일이 우리에게 미쳤나이까"(삿 6:13)라며 하나님이 함께 하심을 믿지 못하겠다고 한다. 하나님은 기드온에게 "너는 네 힘을 의지하고 가서 이스라엘을 미디안 손에서 구원하라 내가 너를 보낸 것이 아니냐"(삿 6:14)고 말씀하신다. 이 말은 "내가 너를 보냈으니 너의 힘은 곧 너와 함께 하시는 하나님이 주시는 힘이다. 그 힘을 의지하고 가면 반드시 승리 한다"는 약속이다. 그럼에도 불구하고 기드온은 "주여 내가 무엇으로 이스라엘을 구원하리니까 나의 집은 므낫세 중에 극히 약하고 나는 내 아비 집에서 제일 작은 자니이다"(삿 6:15)라며 이스라엘을 구원할 수 없는 '자신의 부정적인 생각들'을 드러내어 말하지만 기드온은 "여호와께서 그에게 이르시되 내가 반드시 너와 함께 하리니 네가 미디안 사람 치기를 한 사람을 치듯하리라"(삿 6:16)는 하나님의 음성(약속, 말씀)을 다시 한 번 듣게 되고 이러한 하나님의 은혜가 기드온이 적은 무리를 이끌고도 미디안 사람들과 전쟁을 할 수 있는 가장 큰 힘의 원동력이 되었던 것이다.

사사시대의 기드온뿐만 아니라 하나님의 사람들은 하나같이 하나님의 음성을 들었으며 오늘날을 사는 우리도 하나님의 음성을 들을 수 있다. 또 하나님의 음성을 들어야만 '자신에 대한 부정적인 생각과 태도'(열등감)를 극복할 수 있고, 다른 사람, 주변 상황, 미래에 대한 부정적인 생각과 태도를 극복하고 긍정적이고 적극적이고 창조적인 삶을 살 수 있게 된다. 우리는 하나님의 음성(말씀, 약속)을 들을 수 있도록 마음을 열고 귀를 기울여야 한다.

우리는 일반적으로 세 가지 방법을 통해 하나님의 음성을 듣게 된다. 그 첫 번째는 직접 하나님의 음성을 듣는 경우이다. 아브라함의 경우 "여호와께서 아브람에게 이르시되 너는 너의 본토 친척 아비 집을 떠나 내가 네게 지시할 땅으로 가라 내가 너로 큰 민족을 이루고 네게 복을 주어 네 이름을 창대케 하리니 너는 복의 근원이 될지라"(창 12:1-2)라는 하나님의 음성을 직접 들었다. 모세나 다른 많은 성경인물들 뿐 아니라 오늘날도 하나님의 뜻 가운데 살기 위해 울부짖는 사람들, 자신의 죄 됨과 약함을 토설하고 하나님의 은혜와 능력을 갈망했던 사람들이 하나님의 음성을 직접 듣는다.

두 번째는 성경을 통해 하나님의 음성을 듣는 경우이다. 18번의 선거의 실패와 애인의 죽음과 평탄치 못한 가정의 불행을 겪으면서도 236번의 성경을 읽었던 링컨 대통령은 수많은 실패로 좌절과 절망이 엄습해 올 때마다 성경을 읽고 묵상하는 가운데 성경의 말씀 속에서 "두려워 말라 내가 너와 함께 함이니라 놀라지 말라 나는 네 하나님이 됨이니라 내가 너를 굳세게 하리라 참으로 너를 도와주리라 참으로 나의 의로운 손으로 너를 붙들리라"(사 41:10)는 '성경을 통한 하나님의 약속의 음성'을 수없이 들었다고 고백한다.

모든 인간이 경험하는 실패와 상실, 고독과 죽음이라는 4가지 두려움은 링컨 대통령에게도 예외가 없었지만 그는 그때마다 성경을 통해 "내가 너와 함께 한다. 나는 네 하나님이다. 네가 너를 굳세게 하리라"는 말씀을 하나님의 약속의 음성으로 듣고 하나님이 그를 통해 하실 일을 기대하며 성경적 패러다임으로 세상 가치에 도전하여 미국 역사상 가장 위대한 대통령이 되었다.

또한 5만 번의 기도를 응답 받았던 죠지 뮬러 목사는 학창시절 방탕한 삶을 살고 감옥살이를 함으로 그 장래가 불투명했지만 하나님의 품으로 돌아와 하나님의 말씀을 읽는 과정에 "그 거룩한 처소에 계신 하나님은 고아의 아버지시며 과부의 재판장이시라"는 성경 말씀을 통해 하나님의 음성을 듣고 그의 일생을 고아들을 위해 헌신하며 수많은 기도응답을 통해 '하나님의 위대하심과 말씀의 위대하심'을 사람들에게 증거 함으로 하나님께 영광을 돌리는 삶을 살았다.

이렇듯 기록된 성경말씀이 모든 사람에게 하는 하나님의 말씀 로고스: λόγος이 아니라 성경말씀을 읽는 어떤 개인에게 직접적으로 하는 말씀 레마: ρῆμα으로 하나님의 음성을 듣게 된다. 기도하며 성령의 음성을 듣기를 간절히 갈망하는 사람들에게는 이렇게 개인적으로 하나님이 말씀이 '레마'로 들려짐으로 비전을 받고 큰 힘과 확신을 얻게 된다.

마지막으로 사람들을 통해 하나님의 음성을 듣는 경우도 있다. 성경에 나오는 한나라는 여인은 "여호와께서 한나로 성태치 못하게 하시므로"(삼상 1:6) 여러 해 동안 아이를 낳지 못했었다. 이 문제를 놓고 한나가 "통곡하고(10), 서원하고(11), 오래 기도했을 때(12)"(삼상 1:10-12) 엘리 제사장이 "평안히 가라 이스라엘의 하나님이 너희 기도하여 구한 것을 허락하시길 원하노라"(삼상 1:17) 하고 하나님의 축복을 전했다. 그 때, 한나는 엘리 제사장의 말을 하나님의 말씀으로 듣고 가서 먹고 얼굴에 다시는 수색이 없었다(삼상 1:18). 그로 10개월 후에 한나가 잉태하고 때가 이르매 믿음대로 사무엘이라는 아들을 낳았다(삼상 1:20). 제사장을 통해 들은 하나님의 음성을 믿음으로 받음으로 사무엘이라는 아들을 낳게 된 것이다.

또 바울 사도는 데살로니가 교인들에게 편지할 때 "너희가 우리에게 들은 바 하나님의 말씀을 받을 때에 사람의 말로 아니하고 하나님의 말씀으로 받음이니 진실로 그러하다 이 말씀이 또한 너희 믿는 자 속에서 역사하느니라"(살전 2:13)고 말하고 있다. 데살로니가 교인들은 바울이 하는 말을 하나님의 말씀으로 들었다는 말이며 그렇게 듣고 믿었더니 그 믿음대로 역사가 되었다는 말이다. 이렇듯 하나님께서는 우리가 직접 하나님의 미세한 음성을 들을 수 없을 만큼 멀리 있을 때는 하나님의 은혜로 믿음의 사람을 통해, 기도의 사람들을 통해, 주의 종들을 통해 말씀하신다.

하나님께서는 이렇듯 여러 가지 방법을 통해 우리에게 말씀하고 계시며, 우리는 그 음성을 들어야만 한다. 그러므로 하나님의 자녀 된 우리들은 하나님의 음성(말씀/약속)을 들을 수 있도록 하나님께 가장 가까이 가야 되며 하나님의 미세한 음성을 들을 수 있도록 귀를 기울여야 한다.

우리가 하나님의 은혜로 하나님께서 약속의 음성, 위로의 음성, 사랑의 음성을 들려주실 때, 우리는 비로소 험하고 악한 세상에서 낙심과 좌절하지 않으며 영적 전쟁에서 승리할 수 있는 힘을 얻게 된다.

3) 믿음을 굳게 하라

예수님은 "도적이 오는 것은 도적질하고 죽이고 멸망시키는 것뿐이요 내가 온 것은 양으로 생명을 얻게 하고 더 풍성히 얻게 하려는 것이라"(요 10:10)며 주님이 이 땅에 오신 목적을 마귀의 하는 일과 대비시켜 말씀하셨다. 또한 요한 사도는 예수님의 사역의 핵심을 요한일서 3장 8절에 "하나님의 아들이 나타나신 것은 마귀의 일을 멸하려 하심이라"(요일 3:8)고 분명히 기록하고 있다.

마귀의 조종을 받고 있는 사람들은 말과 삶으로 우리에게 상처를 주고 넘어지게 하고 낙심하고 포기하게 한다. 우리의 '믿음과 소망과 사랑과 감사'를 도적질하고 하나님과 관계를 단절시켜 영을 죽게 하고 영원히 지옥에 가도록 멸망시키려 한다. 마귀는 우는 사자같이 우리를 위협하며 "너는 못한다. 너는 망한다. 너는 쓸모없다"고 말하며 "불가능한 상황을 봐라, 현실을 직시하라, 너는 옛날에도 실패하지 안 았느냐, 지금 상황은 점점 더 악화되고 있다"고 말한다.

또한 마귀는 상황과 사람을 통해서만 역사하는 것이 아니라 '생각을 통해서' 끊임없이 역사한다. "마귀가 벌써 시몬의 아들 가룟 유다의 마음에 예수를 팔려는 생각을 넣었더니"(요 13:2)라는 말씀은 마귀가 생각을 통해서 역사하고 있음을 보여주고 있다. 그러기에 성경은 "무릇 지킬만한 것보나 더욱 네 마음을 지키라 생명의 근원이 이에서 남이니라"고 말씀하고 있다.

마음은 영적 전쟁터다. 그래서 우리의 마음이 성령으로 충만하면 말씀에 의지하여 살아갈 수 있지만, 마귀가 주는 생각으로 가득하면 열등감과 낙심과 좌절과 절망이 엄습하게 되는 것이다. 그래서 베드로는 "근신하라 깨어라 너희 대적 마귀가 우는 사자 같이 두루 다니며 삼킬 자를 찾나니 너희는 믿음을 굳게 하라"(벧전 5:8-9)고 말하며 믿음을 굳게 할 것을 권면하고 있다. 내 생각이나 경험을 믿으면 언제나 사탄의 간계에 넘어지게 되어 있다. 그렇기 때문에 우리는 내 생각을 믿는 것이 아니라 계시되고 검증된 '하나님의 약속의 말씀'을 믿어야 한다.

하나님은 우리에게 하나님의 자녀가 되는 권세(요 1:12-13)를 주셨으며 "성령이 친히 우리 영으로 더불어 우리가 하나님의 자녀인 것을 증거 하시나니"(롬 8:16)라는 말씀처럼 성령님을 통해 우리가 하나님의 자녀임을 강조하여 알려주고 있다.

우리가 그 말씀을 믿고 하나님의 자녀로서의 내 존재를 자각하고, 하나님이 나를 사랑한다는 사실을 깊이 인식한다면 우리의 삶은 말씀과 성령의 역사로 인한 진정한 거듭남을 경험하게 될 것이며 '예수님이 함께 계시고 내가 하나님의 아들'이라는 믿음 때문에 '자신에 대해, 사람에 대해, 상황에 대해, 미래에 대해' 긍정적인 생각과 태도를 갖고 살게 될 것이다.

5. 믿음에 의한 긍정적인 생각과 태도로 도전하라

영국의 심리학자는 J. 하드필드 박사는 이런 연구 결과를 발표했다. 우리가 스스로에게 "넌 틀렸어. 이제 끝났어"라고 자괴감, 비하감을 줄 때 우리는 가진 능력을 30%도 채 발휘할 수 없다. 이 세상에서 가장 나쁜 것은 절망하고 포기하는 것이다.

그러나 반대로 "넌 할 수 있어 넌 특별한 사람이야 저 사람도 하는 데 왜 네가 못해"라고 자신감을 줄 때 우리는 무려 능력의 500%까지 발휘할 수 있다. 자신감이 있고 없고에 따라 30%와 500%의 엄청난 차이가 나는 셈이다.

한때 한국 축구 선수들은 유럽 선수들만 만나면 기가 죽어 헛발질이 나오고 패스가 안 되고 골문에서 절호에 기회가 와도 슛을 제대로 못하는 경우가 많았는데 이는 자신감이 결여되었기 때문이었다. 그러나 유럽선수들과 많은 대결을 통해 승리도 경험하게 되고 유럽선수들에 대한 두려움도 없어지면서 이제는 유럽선수들에 대한 자신감을 갖게 되었다. 운동선수가 운동량이 많고 싸워 승리한 경험이 많으면 자신감이 생기는 것처럼 하나님과 함께 하는 시간이 많고 '하나님의 위대하심과 말씀의 위대하심'을 많이 경험한 사람은 '자신에 대해 긍정적인 생각'을 갖게 된다.

다윗은 아비 된 이새에게도 인정을 받지 못해 사무엘 제사장이 왕 후보자를 선별할 때도 초청받지 못했다. 형들도 다윗을 평가할 때 "나는 네 교만과 네 마음의 완악함을 아노니"(삼상 17:28)라고 표현한다. 사울 왕도 "네가 가서 저 블레셋 사람과 싸우기에 능치 못하리니 너는 소년이요"라고 어린애 취급을 했다. 가장 가까운 가족에게 조차 부정적 평가를 받았다면 '자신에 대해 부정적인 생각'을 가질 만도 한데 다윗은 '자신에 대한 긍정적인 생각'으로 충만하여 자신감을 갖고 있었다. 그것은 곰과 사자의 발톱에서 양을 건져낸 경험이 있었기 때문이다.

다윗은 "주의 종이 아비의 양을 지킬 때에 사자나 곰이 와서 양 떼에서 새끼를 움키면 내가 따라가서 그것을 치고 그 입에서 새끼를 건져내었고 그것이 일어나 나를 해하고자 하면 내가 그 수염을 잡고 그것을 쳐 죽였었나이다 주의 종이 사자와 곰도 쳤은즉 사시는 하나님의 군대를 모욕한 이 할례 없는 블레셋 사람이리까 그가 그 짐승의 하나와 같이 되리이다"(삼상 17:34-36)라고 자신의 경험을 말하고 있다. 다윗은 곰과 사자와의 수많은 싸움에서 승리한 경험이 있었기 때문에 두렵지 않았던 것이다. 다른 사람들이 자신을 어떻게 평가하든 자신감이 가득했던 것이다.

더구나 다윗은 "여호와께서 나를 사자의 발톱과 곰의 발톱에서 건져내셨은즉 나를 이 블레셋 사람의 손에서도 건져 내시리이다"(삼상 17:37)라는 믿음의 고백을 한다. 다윗은 이 고백을 통해 하나님이 자신과 함께 하시고, 그 하나님은 능치 못하신 일이 없는 전능하신 분이심을 고백하고 있는 것이다. 곰과 사자의 발톱에서 양을 지킨 '경험에 의한 자신감', 전능하신 하나님이 나와 함께하신다는 '믿음에 의한 자신감'을 갖고 있었기 때문에 이스라엘 군대가 두려움과 낙심과 좌절 가운데 있을 때에 골리앗에게 도전할 수 있었고 대적하여 승리할 수 있었던 것이다.

그렇다. 자신의 외형적인 것과 자신의 현재만 보고 자신을 평가하면 항상 부정적이지만 하나님의 약속의 말씀을 믿고 하나님의 선택과 인정하심, 함께하심을 믿으면 자신감을 갖게 되고 긍정적 자화상 속에 열정적이고 도전적인 삶을 살게 되는 것이다.

일본의 스쿠버대학 가즈오 교수는 우리가 태어날 때 뇌세포가 약 140억 개이며 그때 우리의 뇌세포는 모두 다 생생하게 살아 있는 이를테면 'ON세포'인 상태이지만, 살아가면서 스트레스를 받고 미워하고 화를 내면서 세포는 서서히 죽어가 'OFF세포'로 변해간다고 말했다. 그런데 우리가 힘들 때도 절망하지 않고 용기를 낸다면, 남을 미워하지 않고 감사하고 산다면, 우리의 세포는 죽어 있다가도 다시 살아날 수 있다고 한다. 그것이 바로 그가 주장하는 유전자의 혁명이다.

의학적으로 사망선고를 받은 사람도 때때로 살아나는 경우가 있는 것도 'OFF세포'를 'ON세포'로 바꾸는 놀라운 기적, 세포의 부활이 있기 때문이라고 한다. 현재 '자신에 대한 부정적 생각'으로 당신의 세포를 'OFF세포'로 만들고 있지는 않은가?

하나님이 당신과 함께 하시고, 당신을 사랑하고 계신다. 당신을 향한 넘치는 축복의 계획을 갖고 계심을 믿으면 당신의 세포가 'ON세포'로 변화될 것이다. 하나님의 약속된 말씀을 믿고, 하나님이 당신을 통해 하실 놀라운 일들을 기대하며 믿음으로 도전하여 하나님의 영광을 위해 승리하자.

2장

하나님과 말씀의 위대하심(기적)을 체험하라

1. 영적 체험이 필요한 이유

우리들은 신앙생활을 하면서 하나님의 사랑에 대해, 예수님의 은혜에 대해, 사람들을 통해, 목사님의 설교를 통해 수없이 듣는다. "믿음은 들음에서 나며 들음은 그리스도의 말씀으로 말미암았느니라"(롬 10:17)라는 말씀에서 알 수 있듯이 '하나님의 위대하심'과 '말씀에 위대하심'(눅 1:37)을 들을 때 믿음이 자라고 소망이 생겨나고 가치관이 변화되고 열정이 생긴다. 그러나 우리의 믿음이 흔들리지 않는 더 큰 믿음으로 자라기 위해서는 듣는데 멈추지 말고 직접 보고 체험하는 단계로 나아가야 한다.

동방의 의인이라 칭해졌던 욥은 고난의 터널을 통과한 후에 "내가 주께 대하여 귀로 듣기만 하였삽더니 이제는 눈으로 주를 뵈옵나이다"(욥 42:5)라고 고백한다. 욥이 이러한 고백을 할 수 있었던 것은 고난을 당하기 전에는 주께 대하여, 주의 절대주권에 대해 귀로 듣기만 하였는데 고난의 터널을 통과하는 과정에서 주님만이 인간의 생사화복에 절대주권자이심을 눈으로 철저히 보게 되었기 때문이다.

우리 또한 고난의 과정을 통해 하나님의 은혜, 하나님의 역사를 직접 경험하게 된다. 귀로만 들었던 나와는 상관없는 주님이 아니라, 나 때문에 채찍에 맞으시고 가시 면류관을 쓰셨으며, 나를 위해 십자가에 못 박혀 피 흘리셨던 주님을 만나게 된다. 주님의 구속의 은혜가 나를 위한 것이었음을 깨달을 때 진정한 회개와 구원의 감격을 누릴 수 있게 되고, 흔들리지 않는 굳은 믿음을 갖게 된다. 이렇듯 영적 체험은 우리의 믿음을 굳게 하여 하나님께 더 가까이 나아가게 한다.

예수님의 제자들도 "태초부터 있는 생명의 말씀에 관하여는 우리가 들은 바요, 눈으로 본 바요, 주목하고 우리 손으로 만진 바라"(요일 1:1)고 간증하고 있다. 이는 제자들이 '태초부터 있는 생명의 말씀'이신 예수님에 대해서 선지자들을 통해 수없이 '들었고' 예수님의 공생애를 함께 하면서 예수님을 직접 '보았고,' 예수님이 하나님의 아들이신 것을 십자가와 부활의 사건을 겪으면서 직접 '체험했다'는 말이다.

제자들이 예수님과 동행하면서 예수님을 보고 경험했던 것처럼, 우리의 삶 또한 하나님 안에 거하면서 하나님의 인도하심과 능력의 역사들을 경험해야 한다. 우리가 해결할 수 없는 문제들이 하나님의 방법으로 해결되어지는 경험, 하나님의 말씀에 의지하여 인간관계에 성공한 체험, 하나님을 신뢰함으로 영적 전쟁에서 승리한 체험, 하나님의 인도하심을 받은 체험, 하나님의 뜻에 순종했을 때 축복을 받은 체험, 하나님께 간절히 기도했을 때 응답받은 체험들이 쌓여져야 한다.

이러한 영적 체험들이 쌓여질 때, 우리들은 하나님을 경외하게 될 뿐만 아니라, 하나님이 말씀하신 대로 나를 선택하셨고, 나와 함께 하신다는 믿음을 기반으로 긍정적인 자화상을 갖게 된다. "대저 하나님의 모든 말씀은 능치 못하심이 없느니라"(눅 1:37)는 말씀을 직접 경험함으로 하나님 절대주권을 더욱 신뢰하며 믿음 안에서 더 큰 도전을 하게 된다.

'하나님의 살아 역사하심'에 대한 체험이 축적될수록 자신감이 생기고 자존감이 회복되어 삶의 목적과 목표가 분명해지고 하나님이 함께 하신다는 확신으로 인해 비전과 열정이 생겨난다. 그리하여 고난 가운데도 요동하지 않고 목적과 목표를 위한 성실과 인내의 태도로 자신에 주어진 시대적 사명을 감당하는 삶을 살게 된다.

2. 하나님의 역사하심의 비밀

태초부터 지금까지 하나님은 끊임없이 일하고 계신다. 성경은 우리가 흔히 기적이라 부르는 놀라운 하나님의 역사들을 수없이 많이 기록하고 있다. 하나님의 역사는 어느 한 시대, 어떤 특별한

한 사람에게만 경험되어진 것이 아니다. 모세 시대의 이스라엘 백성들은 출애굽 과정에서 하나님의 놀라운 역사들을 경험했다.

애굽 땅 10가지 재앙(출 7:8-10:20)이 나타나게 하시고, 홍해를 갈라지게 하시고(출 14:21-31), 마라의 쓴 물을 단 물로 바꾸셨으며(출 15:22-26), 불기둥과 구름기둥으로 인도하셨으며, 광야에서 만나를 내려 먹게(출 16:12-31) 하셨다. 엘리야, 엘리사 시대에도 엘리야를 통해 사르밧 과부의 죽은 아들을 다시 살렸고(열상 17:8-22), 가난한 어느 과부의 소원을 들어 말씀으로 모든 병이 기름으로 가득 채워지는 역사를 행하셨고(열하 4:1-7), 수넴의 한 여인의 아들이 죽었다가 다시 살아났으며(열하 4:32-34), 엘리사를 통해 문둥병이 든 나아만 장군이 요단강에 일곱 번 들어갔다가 다시 깨끗하게 되는 역사를 이루셨다(열하 5:1-14).

또한 예수님과 사도 시대에도 예수님은 35가지의 많은 기적을 베푸셨으며 사도들도 수많은 기적을 행함으로 하나님의 역사하심의 증거들을 나타내어 보여주고 있다.

우리는 이렇게 수많은 하나님의 역사하심들을 보면서 하나의 비밀을 발견할 수 있다. 그것은 하나님의 역사하심이 나타나는 이유가 바로 하나님의 자녀들을 향한 하나님의 사랑 때문이라는 것이다. 이스라엘 백성들이 40년의 광야생활을 할 때 하나님은 여러 가지 기적적인 방법들로 하나님의 백성을 보호하셨다. 광야에서 하나님은 가히 기적의 하나님이셨다.

그래서 광야의 시기는 가장 힘든 길이었지만 가장 은혜로운 기간이었다. 하나님의 기적이 아니면 살 수 없는 기간이었기에, 하나님의 사랑하는 백성들을 위해, 하나님의 사랑으로만 행하실 수 있는 수많은 능력의 역사들을 보여주셨던 것이다.

예수님이 행하신 기적 속에서도 하나님이 자녀들을 사랑하시고 긍휼히 여기신 증거들을 넘치게 찾을 수 있다. 예수님의 기적에는 측은히 여기심, 민망히 여기심, 불쌍히 여기심이란 말이 항상 있다. 예수님은 두 소경을 만났을 때 "민망히 여기사 저희 눈을 만지시니"(마 20:34)라고 하시고, 5천 명을 먹이신 기적에도 "무리를 보시고 민망히 여기시니"라고 말한다. 문둥병자들을 만났을 때도 "민망히 여기사 손을 내밀어 저에게 대시며 가라사대 내가 원하노니 깨끗함을 받으라"(막 1:41)고 하셨고, 나사로가 죽었을 때에도 "심령에 통분히 여기시고 민망히 여기사"(요 11:33) 나사로를 다시 살게 하셨다.

이런 예수님의 마음이 바로 '예수님의 기적의 조건'이었으며 모든 기적은 예수님의 사랑의 표현으로 나타났다. 예수님이 하신 가장 큰 사역 중 하나였던 치유 사역에도 하나님이 자녀들을 사랑하심을 보여주는 단어가 나타나는데 바로 '즉시'라는 단어다. 이 단어는 신약에 23번 기록되어 있는데 즉시 나았다는 것은 예수님의 치유가 즉각적이며 '사랑이 가득한 것'임을 표현한 것이다. 이는 하나님의 사랑이 충만할 때 하나님의 역사하심이 나타났음을 보여주고 있는 것이다.

무엇보다도 하나님의 자녀들을 사랑하심으로 보여주신 가장 큰 기적은 "하나님이 세상을 이처럼 사랑하사"(요 3:16) 독생자 예수를 이 땅에 보내주셨다는 것이다. 예수님은 이 땅에 오셔서 수많은 기적을 보여주셨지만 예수님이 하신 수많은 기적보다 더 큰 기적은 예수님 자신이시다. 하나님이 하나님의 자녀들을 사랑하사 모든 죄를 대속함으로 참 자유와 구원의 은혜를 주시기 위해 친히 인간의 몸으로 이 땅에 오셨다는 것보다 더 큰 사랑의 증거를 어떻게 찾을 수 있겠는가? 이렇듯 하나님은 하나님의 자녀 된 우리들을 사랑하심으로 놀라운 기적의 역사들을 보여주고 계신다. 하나님께서는 모든 것을 예비하시고, 계획하시고, 행하신다.

그런데 가끔은 그 기적들을 행하시기 위해, 그 기적들이 다른 사람들만이 경험하는 나와 상관없는 것이 아니라 내가 경험하는 그래서 내가 하나님의 기적의 도구로 사용되어지기 위해, 우리에게 아주 작은 것들을 요구하시기도 한다. 우리는 기드온의 영적 체험들을 통해 그것들을 살펴보고자 한다.

3. 기드온의 영적 체험

하나님의 사자가 나타나 "큰 용사여 여호와께서 너와 함께 계시도다"(삿 6:12)라고 말할 당시 기드온은 "하나님이 우리와 함께 계신다면 어찌 이 모든 일이 우리에게 미쳤나이까"(삿 6:13)라고 말한다. 하나님께서 다시 "이스라엘을 미디안의 손에서 구원하라 내가 너를 보낸 것이 아니냐"(삿 6:14)라고 말하며 기드온을 인정하시고 선택하신 것을 알게 해 주었지만 그 때에도 기드온은 "내가 무엇으로 이스라엘을 구원하리이까 나의 집은 므낫세 중에 극히 약하고 나는 내 아비 집에서 제일 작은 자니이다"(삿 6:15)라고 말한다. 이렇듯 기드온은 부정적인 생각으로 자신감을 상실한 우리처럼 연약한 존재였다. 이런 기드온이 어떻게 이스라엘을 미디안 족속으로부터 구해낸 하나님의 위대한 사사가 되었을까?

그것은 기드온이 하나님의 약속을 믿고, 기도와 순종을 통해 하나님의 위대하심과 말씀의 위대하심을 직접 체험했기 때문이다. 하나님은 기드온에게 "내가 반드시 너와 함께 하리니 네가 미디안 사람 치기를 한 사람을 치듯하리라"(삿 6:16)며 "하나님이 함께 하심"(삿 6:16)에 대한 약속을 주신다. 이 약속은 '말씀대로 행하시고 말씀대로 성취하시는' 절대 능력자가 돕겠다는 것이며 하나님이 함께 하기 때문에 능치 못할 일이 없다는 말씀이다. 이 약속을 받은 기드온은 하나님의 약속의 말씀을 믿었고, 기도와 순종을 통해 3번의 깊은 영적 경험을 하게 된다.

기드온의 첫 번째 영적 경험은 사사기 6장 17절에서 21절에 설명되어 있다. 기드온이 "나와 말씀하신 이가 주되시는 표징을 내게 보이소서 내가 예물을 가지고 다시 주께로 와서 그것을 주 앞에 드리기까지 이곳을 떠나지 마시기를 원하나이다"(삿 6:17-18)라고 기도했을 때 주님은 "내가 너 돌아오기를 기다리리라"(18)고 약속하신다. 그리고 그 약속을 지키셨을 뿐 아니라 "고기와 무교전병을 가져 이 반석위에 두고 그 위에 국을 쏟으라"(20)고 명하셨고 "기드온이 그대로 하니"(20) "손에 잡은 지팡이 끝을 내밀어 고기와 무교전병에 대매 불이 반석에서 나와 고기와 무교전병을 살랐고"(21)에 기록된 것처럼 불이 반석에서 나오게 하는 하나님의 역사를 경험하게 되었다.

사사기 6장 36절에서 40절에는 기드온의 두 번째 영적 경험이 나오는데 기드온이 하나님이 주신 소명을 확인하기를 원하며 표징을 구하는 기도를 할 때, "이슬이 양털에만 있고 사면 땅은 마르고"(삿 6:36-38), "양털만 마르고 사면 땅에는 다 이슬이 있게"(삿 6:39-40) 하는 두 번에 걸친 기도 응답을 통해 하나님의 위대하심을 체험케 하셨다.

기드온의 세 번째 영적 체험은 사사기 7장 9절에서15절에 기록되어 있다. 주님께서 "일어나 내려가서 적진을 치라 내가 그것을 내 손에 붙였느니라"(삿 7:9)고 말씀하며 300명의 군사로 나아가 싸울 것을 명령하실 때 기드온의 마음에는 전쟁을 앞둔 두려움과 걱정이 가득했다. 하나님께서는 그 마음을 아시고 "미디안 사람과 아멜렉 사람과 동방의 모든 사람이 골짜기에 누웠는데 메뚜기의 중다함 같고 그 약대의 무수함이 해변의 모래가 수다함 같은지라"(삿 7:12)라고 말씀해 주신다. 또한 "만일 네가 내려가기를 두려워하거든 네 부하 부라를 데리고 그 진으로 내려가서 그들의 하는 말을 들으라 그 후에 네 손이 강하여져서 능히 내려가서 그 진을 치리라"(삿 7:10-11)고 하신다.

기드온이 하나님의 말씀에 순종하여 적진에 이른즉 "어떤 사람이…… 내가 한 꿈을 꾸었는데 꿈에 보리떡 한 덩어리가 미디안 진으로 굴러 들어와서 한 장막에 이르러 그것을 쳐서 무너뜨려 엎드러뜨리니 곧 쓰러지더라"(삿 7:13)라고 자신이 꾼 꿈을 이야기하고 있었다. 그리고 그 이야기를 듣던 동무가 "이는 다른 것이 아니라 이스라엘 사람 요아스의 아들 기드온의 칼날이라 하나님이 미디안과 그 모든 군대를 그의 손에 붙이셨느니라"(삿 7:14)고 꿈을 해몽하고 있었다.

성경에는 "기드온이 그 꿈과 해몽하는 말을 듣고 경배하고"(삿 7:15)라고 기록되어 있다. 사람의 꿈과 해몽까지도 역사하시는 하나님이심을 안 기드온은 하나님의 위대하심을 확신하게 되었고 300명의 용사를 데리고 적진에 들어가 대승을 거둘 수 있었다. 기드온이 미디안 족속과 전쟁하는 과정을 보면 하나님이 이미 모든 것을 다 준비하셨고, 승리하도록 만들어 주셨다는 것을 알 수 있다. 기드온이 한 일은 하나님의 약속을 믿었고, 하나님의 도우심을 바라며 기도했고, 하나님의 인도하심에 순종하며 믿음으로 도전한 것뿐이다. 그리고 이것이 바로 하나님의 위대하신 능력의 역사를 체험하기 위해 우리가 해야 할 일이다.

모든 하나님의 기적의 역사는 믿음으로부터 시작된다. 그래서 예수님께서는 "할 수 있거든이 무슨 말이냐 믿는 자에게는 능치 못할 일이 없느니라"(막 9:23)고 말씀하신다. 예수님이 변화산상에 기도하러 가셨을 때 산 아래 있던 아홉 제자는 한 간질병 걸린 아이를 고치지 못하고 쩔쩔맨다(막 9:14-29). 제자들은 이미 병 고치는 은사도 받았고(막 3:15), 병을 고친 경험도 있었다(막 6:13). 그럼에도 불구하고 그들은 믿지 못했고, 기도하지 않았기 때문에 아무 것도 할 수 없었다. 결국 아이 아버지는 예수님을 향해 "무엇을 하실 수 있거든 우리를 불쌍히 여기사 도와주옵소서"(막 9:22)라고 말하게 된다.

이렇듯 믿지 않고 기도하지 않는 사람에게서는 어떤 기적도 일어나지 않는다. 믿음은 기적을 보는 가늠자이며 기적의 본질이다. 믿음은 산을 옮기는 기적을 일으키며 병는 자를 낫게 하는 능력을 일으킨다. 하나님의 약속과 위대하심을 믿는 것, 그것이 하나님의 역사를 체험하는 첫 번째 조건이다.

또한 하나님의 기적의 역사를 경험하기 위해서는 기도해야 한다. 예수님은 모든 기적의 현장에서 하나님의 도우심을 구하며 기도하셨다. 오병이어의 기적을 행하실 때도(요 6:1-14) 죽은 나사로를 살리실 때도(요 11:35-44) 백성을 불쌍히 여기는 마음으로 기도하였을 때 상상할 수 없는 기적이 일어났다.

구약시대에도 기도에 의한 기적이 수없이 일어났지만 우리가 아는 것처럼 히스기야 왕이 병들어 죽게 되었을 때 히스기야가 낯을 벽으로 향하고 여호와께 기도하니(열하 20:2) "내가 네 기도를 들었고 네 눈물을 보았노라 네가 너를 낫게 하리니"(열하 20:5)하시고 죽을병을 낫게 하시고 "선지자 이사야가 여호와께 간구하매

아하스의 일영표 위에 나아갔던 해 그림자로 십도를 물러가게 하신"(열하 20:12) 기적이 일어났다.

오늘날도 병원에서 죽을병이라고 진단되어 희망이 없는 사람들이 하나님께 기도로 울부짖을 때 기적 같은 치유에 역사가 수없이 일어난다. 인생에 아무런 희망이 없는 절망의 감옥에 갇혔을 때 하나님의 절대주권을 믿고 기도하면 우리 인생에 큰 지진이 나는 변화가 일어나고 닫혔던 인생의 문이 열리고 우리를 억매였던 것이 풀리는 기적들을 체험하게 된다.

예수님께서는 우리에게 누가복음 22장 39절에서 46절에 가장 모범적인 기도의 본을 보여주셨다. 첫째 시험에 들지 않도록 습관을 좇아 기도해야 하고(눅 22:39-40) 둘째는 자신이 원하는 것을 간절히 반복하여 구하고(42) 셋째는 자신의 뜻만이 아닌 하나님의 뜻을 묻고 하나님의 뜻이 성취되길 기도해야 하고(42절) 넷째는 하나님의 뜻을 알았을 때 하나님의 뜻에 순종할 수 있는 능력을 "힘쓰고 애써 더욱 간절히 기도하시니 땀이 땅에 떨어지는 핏방울 같이 되더라"(44절)하였다. 구할 때 십자가와 부활의 기적을 체험케 된다.

우리는 기도에 대해 바르게 알아야 한다. 기도의 원리는 마치 환자가 의사에게 나아가 자신의 아픈 곳을 말하고 치료 받는 것과 같다. 예를 들면 치료받기를 간절히 원하는 위암환자는 의사에게 자신의 아픈 상태를 정확히 말하고 의사는 환자가 아픈 이유를 설명하고(깨닫게 하고) 스트레스를 받지 않도록 조심하고 맵고 짠 음식을 먹지 말고 조제해 준 약을 잘 먹어야 치료가 되듯이 인생의 가장 위대한 의사되신 주님께 우리의 상황을 정확히 말하고 주님의 말씀을 따라야 응답이 된다. 기도는 믿고 치유(해결)될 때까지가 기도다. 어떤 상황에서든지 우리는 하나님의 능력을 믿는 믿음의 기도를 잊어서는 안 된다. 너무 작고 사소해서 하나님께 구할 수 없는 것은 없다. 큰 풍랑이 일고 태풍이 몰아칠 때만 하나님을 찾아야 하는 것은 아니다. 작은 일에도 하나님이 함께 하시고 친히 일하신다는 것을 믿는 것이 필요하다. 하나님의 능력을 제한하지 말자. 우리가 미처 생각지 못하는 것에서도 하나님은 일하고 역사하신다. 모든 상황 속에서 하나님의 일하심을 믿고 기도하며 무릎으로 하나님께 나아갈 때 하나님의 역사를 체험하게 될 것이다.

하나님이 우리에게 원하시는 또 다른 하나는 순종이다. 문둥병이 든 나아만 장군은 머리로는 이해되지 않았지만 엘리야의 말에 순종해 요단강에 일곱 번 들어갔다가 나왔을 때 다시 깨끗하게 되는 치유의 역사(열하 5:1-14)를 경험할 수 있었다.

예수님이 가나 혼인 잔치에서 준비된 포도주가 모자라게 되자 하인들에게 "항아리에 물을 채우라"(요 2:7)고 하셨고, 하인들이 물을 아구까지 채우니 "이제는 떠서 연회장에게 갖다 주라"(요 2:8) 하셨을 때 하인들이 그 말씀에 순종하자 물이 포도주로 변하는 기적을 경험하게 되었다.

예수님이 부활하신 후 갈릴리 바다에 나타나셨을 때에도 베드로에게 "그물을 배 오른편에 던지라 그리하면 얻으리라"(요 21:6)

하셨을 때, 베드로가 순종하자 만선의 복을 받았음을 보여준다. 이렇듯 하나님의 말씀에 믿음으로 순종할 때 우리는 하나님의 놀라운 역사들을 체험하게 된다.

하나님의 놀라운 기적의 역사에 동참하고 싶은가? 먼발치에서 있는 구경꾼이 아니라 기적의 중심에 서고 싶은가? 하나님이 당신을 통해 행하실 놀라운 일들을 경험하고 싶은가?

하나님은 지금 이 순간 모든 준비를 끝내고 계신다. 오직 당신의 믿음의 기도와 순종을 기다리고 계실 뿐이다. 믿음으로 하나님의 도우심을 구하며 순종함으로 불가능해 보이는 일에 도전하자. 주님께선 당신과 영광의 승리를 함께 하시기를 원하고 계신다.

4. 영원토록 존재하는 하나님의 은혜의 역사

많은 사람들이 기적은 옛날에나 일어났던 일이라고 말한다. 과학의 발달과 함께 기적의 시대는 끝났다고 말한다. 그러나 과학시대인 지금도 기적은 여전히 일어나고 있다. 하나님은 기드온 이전에도 역사하셨고 그 이후에도 동일하게 역사하고 계신다. 하나님의 베푸시는 방법은 달라도 기적은 여전히 계속된다.

성경은 예수 그리스도는 어제나 오늘이나 영원토록 동일하게 살아 역사하시는 분(히 13:8)이라고 말하고 있다. 하나님은 영원불변하심으로 옛날이나 지금이나 동일하게 역사하고 계신다. 그리고 그 기적들은 지금도 끊임없이 계속되고 있다.

1) 백기현 교수의 간증

하나님의 지금도 역사하고 계심을 생생하게 간증한 백기현 교수의 이야기를 잠시 소개하고자 한다. 서울대 음대를 졸업하고 공주대 성악과 교수가 된 대전 중앙교회의 백기현 권사는 돌을 갓 넘겼을 때 아홉 살 고모의 등에 업혀 놀다가 넘어져 마당으로 구르면서 척추 뼈가 디딤돌 모서리에 부딪히면서 50년 동안 척추 장애인으로 살아왔다. 고등학교 1학년 때 당시 음악 선생님이었던 권혁남 장로가 노래를 잘한다며 교회에서 특송을 한번 하라고 한 것이 그가 교회에 다닌 시작이었고, 성악의 길에 들어선 첫 걸음이었다.

서울대학교 음대를 나오고 공주대 교수가 되고 그가 만든 '오페라 이순신'이 국내는 물론 이태리와 러시아를 돌며 인기를 모으면서 겉으로 보기에는 모든 일이 잘 되는 것 같았지만 그는 한 번도 행복하지도 감사하지도 않았고, 무대에 욕심을 내면서 생긴 빚이 늘면서 그는 인생에서 실패했다고 생각하고 죽음을 선택하려고 했다고 한다. 죽음을 선택하기 직전이던 2005년 2월 4일, 그에게 기적 같은 일이 일어났다. 기도원을 가는 아내를 따라 나선 백 권사가 기도회 시간에 빚을 갚게 해달라고 기도하던 중 "오직 십자가를 볼 때 여러분이 치유함을 받을 수 있다"는 강사 목사님의 말에 눈을 크게 뜨고 십자가를 바라보는데 옆구리에 살짝 바람이

스치는 느낌을 받았다. 잠시 후 약간 더 세게 건드려짐을 느꼈고, 또 다시 강한 바람이 불어옴을 느낀다. 늘 그랬듯 또 몸이 아플 것이라 생각했는데 세 번째 바람이 불 때 그도 모르게 성령의 인도함에 의해 아멘, 할렐루야가 입에서 터져 나왔고, 그 후 그의 의지에 관계없이 팔, 다리, 고개, 어깨, 허리들이 꺾이기 시작하면서 50년 동안 시리고 저리고 불쾌하였던 등줄기가 시원하여지고 등줄기에 멈추어 있던 답답하던 무엇이 툭 터져버린 것 같은 것을 느끼게 된다.

두려운 마음으로 잠시 정신을 차리려 할 때 "두려워 마라 내가 너의 굽은 등을 편다."라는 하나님의 분명하신 말씀이 들렸고 그의 몸은 다시 성령에 이끌리어 온 마디가 꺾이고 비틀리는 현상이 다시 시작되었다. 하나님께서 계속하여 복부에 엄청난 양의 호흡을 넣으신 다음 가득 부풀은 배를 등 뒤까지 밀어 넣으면서 50년 동안 아팠던 부분이 개운하고 시원해지고 숨이 커지기 시작했다.

그러면서 백 교수 속에 있었던 원망과 고통이 뱉어 나오면서 그는 기뻐서 눈물을 흘렸다고 간증하고 있다. 그렇게 시작된 치유의 과정은 오후 집회에서도 계속됐고 며칠에 걸쳐 치유의 과정을 겪으면서 백 교수는 등이 펴짐은 물론 당뇨와 간염, 어렸을 때부터 안검하수로 인해 제대로 뜨지도 못했던 왼쪽 눈의 시신경까지 살아나는 기적을 경험하게 되었다. 가짜가 판치고 기적이 믿기 힘들어지는 이 시대에 백기현 교수의 기적 역시 의심이 들만도 하다. 그러나 한국 의학 연구소 원장인 이해선 박사는 등에 뼈가 나온 것이 만져지지 않고, 등이 펴졌을 때 나타나는 배가 나오는 현상이나 목소리가 변한 것 등이 그가 기적을 체험했음을 말해준다며 의학적으로 증명했다.

2) 저자의 간증

저자는 광주에서 고등학교를 다녔는데 방학을 맞아 고향인 부안에 계신 어머님에게 내려가면서 광주에서 부안까지 가는 직행버스를 탔다. 광주에서 토요일 오후 점심으로 자장면 곱빼기를 먹고 버스를 타는 순간 졸음이 쏟아져 버스 맨 뒷자리 중앙에 앉아 단잠을 자던 중 버스가 추락하는 꿈을 꾸었다. 꿈이 너무 생생해 잠이 깨었는데 마침 버스가 장성과 고창 사이에 있는 장성갈재라고 하는 험한 계곡을 통과하고 있는 중이었다. 그리고는 왠지 반대편에서 오는 버스와 부딪칠 것 같아 순간적으로 앞에 있는 손잡이를 꼭 붙잡았다. 반대편에서 오는 버스를 피하기 위해 운전사가 핸들을 왼쪽으로 돌리는 순간 버스는 장성갈재 낭떠러지로 굴러 떨어지게 되어 결국 그 사고로 67명이 탄 버스에서 63명이 죽고 3명이 중상을 입었는데, 저자는 버스 손잡이를 붙잡음으로 단순 타박상만 입고 기적 같이 살게 되었다. 저자가 살았다는 것도 기적이고 감사한 일이었지만 하나님이 먼저 꿈으로 계시해 주심으로 나를 인도하고 계신다는 것을 깨달음으로 더욱 기뻤다.

또 민주화 운동 당시, 시위대에 쫓기면서 도서관 5층에서 2층으로 뛰어 내리다 허리를 다쳤었는데 별의별 약을 다 써보고 침도 맞고 온갖 치료를 다 했지만 낫지 않아 허리 통증으로 엄청난 고통을 겪게 되었다. 그러던 중 한 목사님의 부흥회에 참석하였다가 말씀 도중에 빨간 십자가가 허리에 닿는 환상을 보게 되었고 그 순간 깨끗이 나은 후 지금까지 아프지 않아 하나님의 위대하심을 직접 체험하게 되었다. 더욱이 1984년 7월 1일 성령 침례를 받고 난 후 성경 말씀이 온전히 믿어지고, 예수 그리스도 구속의 은총에 대한 감사와 함께 영혼에 대해 긍휼이 여기는 마음과 아픈 사람에 대해 불쌍히 여기는 마음이 생기게 되어 안수할 때 병자가 낫는 수많은 체험들을 통해 하나님과 말씀의 위대하심을 믿게 되었고, 하나님을 더욱 신뢰하며, 하나님의 시각과 관점으로 나를 보고 내 상황을 보고 내 미래를 보게 되었다. 더 중요한 것은 사람들을 볼 때도 하나님의 관점에서 외모를 보지 않고 현 상황을 보지 않고 불투명한 미래를 보지 않고 사람들을 긍정적으로 생각하게 되었고 그를 통해 '합력하여 선을 이루시는' 하나님의 역사를 보게 되었다.

3) 놀라운 은혜의 기적

하나님의 역사는 지금도 끊임없이 계속되고 있다. 아직도 기적이 나와는 상관없는 다른 사람들만의 전유물이라고 생각하는가? 그럼 초점을 당신에게로 옮겨보자. 당신이 하나님의 자녀가 된 것은 어떤가? 당신이 그리스도인이 된 것, 그것부터가 기적이다. 믿음으로 하나님의 자녀로 칭함을 받은 것, 그것이 기적의 시작이다. 죄 없고 순전한 어린양이셨던 예수님이 하나님의 자녀인 것은 그럴 수 있다. 그런데 우리가 어떻게 하나님의 자녀가 될 수 있겠는가? 그러나 하나님께서는 믿음으로 된다고 하셨다.

하나님의 자녀로 칭함 받는 것만큼 놀라운 기적은 믿음으로 구원받은 것이다. 아무리 생각해도 우리가 구원받은 것은 기적 중의 기적이다. 절대 가능하지 않은 일이 우리에게 일어난 것이다.

하나님이 죄 된 인간을 구원하시기 위해 친히 인간의 몸으로 이 땅에 오시고, 나를 구원하시기 위해 십자가의 고난을 받으사 우리의 모든 죄를 대속해 주신 그 보혈의 피로 우리를 깨끗게 하시고 오직 믿기만 하면 구원받을 수 있다는 약속을 주셨다. 어떻게 이런 일이 가능하겠는가?

존 뉴턴은 이것을 '놀라운 은혜의 기적'이라고 불렀다. 그래서 바울이 고린도전도 15장 10절에 말한 "나의 나 된 것은 하나님의 은혜라"는 고백은 구원받은 모든 자의 고백일 수밖에 없다.

캘빈 밀러Calvin Miller는 "회심은 모든 것 중에 가장 위대한 기적이다. 하나님과 함께 하는 내 삶 전체가 바로 기적이다"라고 하였다. 회심(회개)를 뜻하는 헬라어 메타노에오μεταά: 剩畑耀는 '바꾸다'라는 의미의 '메타'라는 단어와 '생각하다'라는 '노에오'라는 단어의 합성어이다. 그러므로 '메타노에오'는 '생각을 바꾸다,' '방향을 바꾸다'라는 뜻이다.

우리의 삶의 방향이 하나님께로 바꾸는 순간 우리는 매일의 삶 속에서 하나님의 인도하심과 동행하심을 발견하게 된다. 아침에 눈을 뜨면서부터 온전히 나를 붙잡고 계시고 모든 악한 것들로부터 나를 보호하시며 날마다 너를 사랑한다 말하시는 주님의 그 사랑 안에 거하는 삶 전체가 기적이라고 부를 수밖에 없는 것이다. 더구나 그리스도의 기적 가운데 가장 훌륭한 최후의 기적이라고 불릴 천국이 우리를 위해 예비 되어 있다. 이 땅에서 뿐 아니라 영원한 천국에서도 주의 자녀로 살 수 있는 약속까지 받은 당신의 삶 전체가 바로 하나님의 기적이 아니겠는가?

5. 영적 체험을 통해 창조적 변화를 시작하라

행복하고 성공적인 인생을 살고 비범한 일을 성취한 사람들은 하나 같이 하나님의 사랑의 위대하심을, 하나님의 능력의 위대하심을, 하나님의 신실하심의 위대함을 경험함으로 하나님을 만난 사람들이다. 우리 인간은 어려운 상황이 닥치고 실패를 겪고 사람들로부터 어려움을 겪으면 언제나 낙심하고 좌절하며 부정적인 생각과 태도를 취하게 된다.

그러나 하나님의 위대하심을 체험한 사람들은 하나님의 실체를 바로 알게 됨으로 하나님을 신뢰하고 하나님을 의지한다. 하나님과의 인격적인 교류를 통해 자신을 성찰하게 되고 인생의 참된 가치를 발견하게 되고 삶의 목적을 깨달아 하나님을 경외(창 22:12)하고, 감사하며, 작은 일에도 하나님의 도우심을 구하며 하나님 뜻에 순종한다.

하나님의 위대하심을 경험한 사람들은 내가 하나님의 사랑과 도움이 없이는 전혀 살 수 없는 존재라는 것을 인정하고, 하나님 한 분이면 부족함이 없다는 것을 깨달음으로 하나님 앞에 무릎 꿇고 하나님의 긍휼을 구하고 약속하신 능력을 구하며, 하나님이 예비하신 길을 따라 순종하며 나아감으로 성공적인 인생을 만들었다.

이제 우리의 삶에서도 창조적 변화가 시작되어야 할 때이다. 하나님께서는 태초부터 지금까지 말씀하신대로 행하시고, 말씀하신대로 성취하고 계신다. 하나님은 당신을 향한 계획들을 가지고 계신다고 말씀하신다. 당신을 사랑한다고 말하고 계신다. 하나님의 역사는 예전에 끝난, 나와는 상관없는 사람들의 이야기가 아니다. 하나님께서는 당신을 통해 하나님의 역사를 이루기를 원하고 계신다. 당신의 삶 속에서 행하여지는 하나님의 기적들에 주목해보자. 하나님의 약속을 믿고, 기도로 간구하며 순종함으로 더 큰 영적 경험들을 체험하기를 갈망하자. 그 영적 체험들이 당신의 믿음을 더 굳게 할 것이고, 하나님을 더 신뢰하게 할 것이며, 당신의 삶을 변화시켜 나가게 될 것이다.

그 영적 체험들이 당신이 하나님을 신뢰함으로 믿음으로 더 큰 도전을 할 수 있게 만드는 자양분이 될 것이다. 당신이 미처 꿈꾸지 못했던 새로운 비전과 열정을 갖게 만들 것이다.

3장

하나님과 친밀한 사랑의 관계를 회복하라

1. 하나님과의 관계의 중요성

수많은 성공학 서적들이 관계의 중요성을 역설한다. 인간관계의 중요성을 빼고 성공을 논할 수 없다는 것은 주지의 사실이다. 사람을 뜻하는 인간人間이라는 단어 자체가 사람 인人자와 사이 간間자가 합쳐져 만들어져 있다. 인간이란 스스로 존재할 수 없고 누군가와의 사이를 갖는 존재, 즉 관계적 존재라는 말이다. 따라서 인간의 행복이나 불행은 그 사이의 관계에서 생겨나는 것이다.

우리가 살아가면서 발생하는 대부분의 문제들 또한 관계 때문에 발생한다. 그러므로 인간이 행복하려면 사이가 좋아야 한다. 관계가 좋아야 한다는 말이다. 아무리 부유하고, 많은 것을 갖고 있고, 좋은 것을 먹는다 하더라도 관계가 나쁘면 불행할 수밖에 없다. 소유가 많고 적음 때문에 행복과 불행이 결정되는 것이 아니라 관계로 인해 행복과 불행이 결정되는 것이다.

그래서 관계에 성공한 자가 행복한 삶을 산다. 큰일을 하려고 힘쓰고 애쓰는 사람이 성공 하는 것이 아니라 관계를 중시하고 관계에 초점을 맞추고 관계에 성공적인 삶을 사는 사람이 다른 사람들과 함께 더불어 풍성한 삶을 살게 된다. 이렇듯 관계는 아무리 강조해도 지나치지 않은 우리 인간 존재의 가장 중요한 요소다.

그런데 많은 사람들이 중요한 것 한 가지를 놓치고 있다. 관계의 중요성을 역설하면서 어떻게 하면 인간관계를 바르게 할 것인가에만 초점을 맞추고 있지 정작 중요한 하나님과의 관계를 어떻게 해야 하는지에 대해서는 생각하지 않는다. 성경은 "나는 포도나무요 너희는 가지니 저가 내 안에 내가 저 안에 있으면 이 사람은 과실을 많이 맺나니 나를 떠나서는 너희가 아무 것도 할 수 없음이라"(요 15:5)고 말하고 있다. 즉 하나님은 포도나무이고, 우리는 가지이므로 우리가 하나님 안에 있어야 하고, 하나님의 영이 우리 안에 있어야 함을 말하고 있다. 가지인 우리가 본체인 하나님과의 관계가 제대로 되어 있지 않다면 어떻게 열매를 맺을 수 있겠는가? 포도나무 가지가 포도나무에 붙어 있어야 열매를 맺을 수 있듯이 우리가 하나님과의 관계를 제대로 정립해야 나 자신과의 관계도 성공하고, 다른 사람과의 관계도 성공할 수 있게 되는 것이다.

하나님과 인간의 관계는 하나님이 이 세상을 창조하시고, 인간을 창조하시면서부터 시작되었다. 그래서 기독교 윤리학자인 김중기 교수는 "태초에 관계가 있었느니라"라는 말을 하기도 했다.

특별히 인간을 하나님의 형상대로 지으셨다는 것은 하나님과 인간이 뗄 수 없는 관계라는 말이다. 처음 인간이 창조되었을 때, 창조주이신 하나님 안에서 아담과 하와는 모든 것을 누리는 행복한 존재였다.

그러나 에덴동산에서 아담과 하와가 죄를 짓고 난 후 하나님과의 친밀한 사랑의 관계가 깨어지기 시작했다. 죄를 지음으로 제일 먼저 나타난 결과가 '관계의 단절', '관계의 깨어짐'이었던 것이다.

그리고 하나님과의 관계가 단절됨으로 인간은 죄의 삯인 사망의 문제에 직면하게 되었다. 즉, 하나님과 관계를 맺고 있다는 것은 우리의 생명의 근원이 살아있다는 것이고 하나님과 분리되었다는 것은 생명의 근원이 죽은 것으로 하나님과의 사랑의 관계는 우리의 삶과 죽음의 문제와 관련된 모든 성경적 계시의 가장 핵심적인 부분이다. 또한 하나님과의 관계가 바르게 정립되어야 우리 삶이 결실을 맺을 수 있다. 하나님과의 관계가 단절되어 있거나 바른 관계가 되어 있지 않으면 우리가 아무리 수고하고 노력해도 열매를 맺을 수 없다.

그래서 성경은 "여호와께서 집을 세우지 아니하시면 세우는 자의 수고가 헛되며 여호와께서 성을 지키지 아니하시면 파수꾼의 경성함이 허사로다"(시 127:1)고 말하고 있다. 내 방법, 내 생각, 내 의지로 살겠다고 하나님의 품을 떠난 탕자의 삶은 설령 그가 성공했다 해도 모래 위에 집을 세운 사람에 불과 하다. 아무리 좋은 재료로 일류 기술자가 가장 크고 화려한 집을 지었다고 할지라도 모래 위에 지은 집은 어느 날 비가 내리고 바람이 불고 창수가 나는 날 한 순간에 무너지게 된다. 튼튼한 집을 짓기 위해서는 단단한 바닥에 지어야 하는 것처럼 하나님과의 관계를 바르게 세우는 것이 성공적인 삶의 선결 조건인 것이다.

하나님과의 관계를 바르게 하는 것은 나 자신과의 관계, 다른 사람과의 관계를 바르게 하는 시작이다. 왜냐하면 인간은 하나님의 계획으로부터 시작되었고 모든 재능과 능력을 공급 받고 하나님의 뜻에 따라 완성되는 존재이다.

그러므로 하나님과의 관계가 단절되면 자신이 어떤 존재인지 바르게 알 수 없기 때문에 정체성에 혼란을 겪게 되고 아무런 목적도 의미도 없는, 혼돈과 공허 속에서 이 세상의 풍속을 좇고 육체의 욕심을 따라 육체와 마음에 원하는 것을 하며 사는 헛되고 헛된 삶을 살게 된다. 이러한 삶에는 진정한 행복이 있을 수 없다. 인간이 참 평안, 참 기쁨을 누리기 위해서는 하나님과의 친밀한 사랑의 관계를 회복해야만 한다. 그것은 인간은 진정으로 자신을 사랑할 수 있는 긍정적 자화상을 갖게 만든다.

그리고 자신에 대한 긍정적 자화상을 갖는 사람만이 다른 사람과 건강하고 성숙된 관계를 만들게 된다. 즉 하나님과의 단절된 관계를 회복하고 친밀한 사랑의 관계를 바르게 세우는 것이 인간관계를 성공적으로 만드는 첫 걸음이 되는 것이다.

성경은 하나님과의 관계가 어긋나면서 모든 것으로부터 실패하게 된 사울 왕의 이야기를 전하고 있다. 이스라엘의 초대 왕이었던 사울 왕은 모든 것을 갖고 있는 사람이고 무엇이든지 할 수 있는 환경과 기회가 주어져 있는 사람이었다. 그러나 하나님의 말씀을 경이 여기고(삼상 13:8-13;삼상 15:1-9) 하나님을 만홀히 여김으로 하나님과의 관계가 깨어지게 되자 악신이 임하여 번뇌함으로 잠을 이루지 못하고, 바른 선택과 결단을 하지 못하게 되고, 염려와 불안 속에 권위를 상실하는 언행을 일삼게 되는 모습을 보이게 된다.

하나님과의 관계가 깨어지자 다윗과의 비교의식 속에 열등감에 빠지고 미래에 대한 불안 염려 속에 초조하고 조급해 한다. 더욱이 다윗을 죽이기 위해 혈안이 되어 하나님이 주신 것을 누리지 못하고 자신의 삶을 불행하게 만들었다. 하나님과의 관계의 중요성을 인식하지 못한 사울왕은 계속 인간적인 방법으로 문제를 해결하려 하기에 종국에는 비참한 최후를 맞이하게 된다. 이렇듯 하나님과의 관계가 깨어지는 순간, 인간은 우는 사자와 같이 삼킬 자를 찾는 사탄에게 미혹당하고 함정에 빠져 평생을 불행의 늪에서 허우적거리는 삶이 된다.

그러므로 우리는 무엇보다 먼저 하나님과의 친밀한 사랑의 관계를 회복하기 위해 노력해야 한다. 이것은 더 이상 늦춰서도 안 되고 미뤄서도 안 되는 너무나 중차대한 일이다.

2. 하나님과의 친밀한 사랑의 관계를 회복하려면

앞에서 살펴보았듯이 하나님과의 관계를 바로 세우는 것, 하나님과의 친밀한 사랑의 관계를 회복하는 것은 우리 삶에 있어서 가장 근본적이고도 핵심적인 문제이다. 그렇다면 도대체 어떻게 해야 하나님과의 관계를 바르게 회복할 수 있겠는가? 성경에서 제시하는 몇 가지 사례를 통해 하나님과의 관계를 회복하는 방법을 찾아보도록 하자.

1) 우상을 제거하라

기드온이 하나님께 양털을 가지고 표징을 구했을 때, 하나님은 기도온의 기도에 응답하신 후 첫 명령을 내리신다. 그것은 그 시대에 백성들이 섬기는 우상을 제거하라는 명령이었다.

"여호와께서 기드온에게 이르시되… 바알의 단을 헐며 단 곁의 아세라 상을 찍고… 네가 찍은 아세라 나무로 번제를 드릴지니라"(삿 6:25-26)하는 말씀에 "기드온이 종 열을 데리고 여호와의 말씀하신 대로 행하되… 일어나 본즉 바알의 단이 훼파되었으며 단 곁의 아세라가 찍혔고…"(삿 6:27-30)하였다.

하나님은 기드온에게 바알 제단을 허물고 곁에 있는 아세라를 찍어 그 시대의 우상을 제거하라고 명령하고 계신다. 그리고 하나님의 말씀대로 기드온이 우상을 제거했을 때 하나님은 기드온에게 성령을 넘치게 부어 주셨다. 성경은 이를 "여호와의 신이 기드온에게 강림하시니"(삿 6:34)라고 기록해 놓았다. 우상을 제거하고 난 후 성령이 충만해지고 하나님의 축복된 역사가 시작된 것이다.

우상을 제거해야 한다고 말하면 요즘 같은 시대에 누가 우상을 믿느냐고 반문한다. 그렇다. 요즘 시대에 나무, 돌, 쇠붙이 등에 절을 하고 숭배하는 사람은 거의 없다. 그러나 우상이란 나무, 돌, 흙 등으로 만든 형상이 있는 것만을 말하는 것이 아니라, 신처럼 숭배의 대상이 되는 물건이나 사람 또는 하나님 이외에 인위적으로 만들어 놓은 형상을 말한다. 즉, 하나님보다 더 귀하게 여기고 하나님보다 더 의지하고 하나님보다 더 사랑하는 것이 바로 우상이다. 그래서 현대사회에서는 새로운 형태의 우상들이 나타나고 있다.

그러나 하나님이 함께 하시는 역사가 없는 한 그런 우상들이 우리에게 참 행복을 줄 수는 없다. 우리가 가진 문제들을 해결해 줄 수도 없다. 하나님보다 세상 것들을 더 귀하게 여기고 세상을 의지하고 사랑하는 한 하나님의 역사는 시작될 수 없다.

현대 사회에선 많은 사람들이 물질을 우상으로 삼는다. 오직 돈 만을 위해 살았기에 세계 최대의 부자로 불리 운 록펠러는 33세에 이미 100만 불의 순이익을 얻는 백만장자가 되었고, 43세에는 미국에서 가장 커다란 회사를 소유했고, 53세에는 억만장자가 되어 있었다. 그의 모든 관심과 그가 의지하는 모든 것은 오직 돈이었다. 많은 사람들이 그가 가진 부를 부러워하고 그렇게 많은 부를 가진 록펠러는 정말 행복할 것이라고 생각했다. 그러나 그 행복은 53세까지였다. '알로피셔'Alopecia라는 탈모증 비슷한 병을 앓았는데 머리카락이 빠지고 눈썹이 빠지고 몸이 초췌하게 말라 가게 되었고 주치의로부터 이대로 가면 일 년 안에 죽게 된다는 사형 선고를 듣게 되었던 것이다.

그가 병원에서 나와 근처 교회에 가서 울며 기도한 후 눈을 떠 보니 "모든 육체는 풀과 같고 그 모든 영광이 풀의 꽃과 같으니 풀은 마르고 꽃은 떨어지되 오직 주의 말씀은 세세토록 있도다"(벧전 1:24-25)라는 교회 표어가 보였다고 한다. 그는 그 때 자신이 가진 많은 재산이 아무것도 아니며 하나님이 모든 것 되신다는 사실을 깨닫게 되었고, 그 후 완전히 달라진 삶을 살게 되었다.

진정한 그리스도인으로 거듭난 그는 뉴욕에 있는 유명한 '리버사이드 교회'를 헌당하고 록펠러 재단을 만들어 가난한 사람을 돕는 의료사업에 자기의 모든 재산을 쏟아 부었다. 이렇게 삶이 변화된 후에 록펠러는 건강을 완전히 회복하여 55세를 넘기기 어려울 것이라는 의사의 판정에도 불구하고 98세까지 건강하고 풍성한 삶을 살았다.

물질은 삶을 살아가는데 정말 필요하고 중요한 것이다. 그래서 "뭐니 뭐니 해도 머니(돈)가 최고"라는 말을 하기도 한다. 그러나 '양'에게 물과 풀이 필요하고 중요하지만 더욱 필요하고 중요한 것은 '목자'를 만나는 것이며 '목자'의 인도를 따르는 것이라는 것이다. 양이 물과 풀만을 찾아 가면 결국은 길을 잃고 맹수를 만날 위험에 처하게 된다. 그러나 목자의 인도를 따르면 목자는 철을 따라 꼴을 먹이고 쉴만한 물가로 인도해주고 부족함이 없도록 채워준다.

성경은 우리의 목자 되신 주님이 "온갖 구하는 것이나 생각하는 것에 더 넘치도록 능히 주실"(엡 3:20)분이라고 말하고 있다. 또 "우리 주 예수 그리스도의 은혜를 너희가 알거니와 부요하신 자로서 너희를 위하여 가난하게 되심은 그의 가난함을 인하여 너희로 부요케 하려 하심이니라"(고후 8:9)라 하셨다. 하나님과의 관계를 회복하고 우리의 목자 되신 주님 안에 거하자. 우리를 부요케 하시기 위해 스스로 낮아지시기까지 한 주님께서 당신의 모든 필요를 아시고 당신이 구하고 생각하는 것보다 넘치도록 주실 것이다.

또 자녀가 우상이 되기도 한다. 아브라함은 하나님의 크신 은혜와 섭리로 100세에 아들을 낳았다. 생각해보라. 100세에 아들을 낳았으니 얼마나 귀했겠는가? 세상 무엇과도 바꿀 수 없는 가장 귀한 존재가 아니었겠는가? 아브라함은 하나님보다 이삭을 더 좋아하고 더 사랑하고 더 많은 시간을 이삭과 함께 보냈다. 그러자 하나님께서는 아브라함을 시험하시려고 그를 부르시되 "아브라함아… '네 아들 네 사랑하는 독자 이삭'을 데리고 모리아 땅으로 가서 내가 네게 지시하는 한 산 거기서 그를 번제로 드리라"(창 22:1-2)고 하신다.

여기서 우리가 주목해야 할 것은 하나님께서 '네 아들 네 사랑하는 독자 이삭'이라고 했다는 점이다. 이삭은 하나님이 아브라함에게 맡기신 '하나님의 아들'인데 '네 아들'이 되었고, 아브라함은 사랑하는 대상이 '네가 사랑하는 하나님'이 아니라 '네 사랑하는 독자 이삭'이 된 것이다. 어찌 아브라함만이겠는가! 우리들에게도 자녀가 얼마나 사랑스러운 존재인가? 그래서 많은 사람들이 자식들에게 말 그대로 '올인'한다. 내 자녀가 잘 되게 하기 위해서 어떤 희생도 감수하고, 자식이 모든 일에 최우선이 된다. 하나님보다 자식을 더 의지한다.

그러나 자녀가 우상이 되면 자녀의 참 주인이신 '하나님의 계획과 섭리'대로 인도하지 못하고 내 작은 생각과 욕심으로 자녀의 미래를 제한하게 된다. 자녀 또한 내 자녀가 아니라 하나님이 맡겨주신 '하나님의 자녀'이다. 그렇기 때문에 내 욕심, 내 판단대로가 아니라 '나보다 내 자녀에 대해 더 잘 알고', '나보다 내 자녀를 더 사랑하시는 하나님'의 말씀을 따라, 하나님께 인도와 도움을 간구하며 성령님께서 깨닫게 해 주시는 대로 길러야 한다. 자녀를 정말 사랑하는 길은 내가 자녀에게 무엇을 해 주는 것이 아니라 자녀가 하나님을 만나도록 돕는 것이며 하나님의 자녀로 살게 하는 것이다.

어떤 사람에게는 고정 관념이나 선입견, 부정적 관념이 우상인 경우도 있다. 모세는 40년 동안이나 광야에서 처가에서 양치기를 하며 야인으로 살면서 완전히 자신감을 잃고 꿈도 열정도 사라진 채로 살고 있었다. 성경은 그런 모세가 하나님을 처음 만났을 때를 다음과 같이 묘사하고 있다.

> "하나님의 산 호렙에 이르렀을 때 여호와의 사자가 떨기나무 불꽃 가운데서 그에게 나타나시니… 떨기나무에 불이 붙었으나 꺼지지 않는지라... 꺼지지 않는 불을 보고자 할 때… 하나님이 떨기나무 가운데서 모세를 불러…" (출 3:1-4)

그리고 난 후 "발에서 신을 벗으라"(출 3:1-5)고 말씀하시고 있다.

'네 발에서 신을 벗으라'는 말씀은 성경적 해석으로 "네가 네 인생의 주인"이 아니고 "내가 네 인생의 주인"이니 신을 벗으라는 의미다. 더 깊은 영적 의미는 '네 고정관념이나 선입견, 부정적 관념'을 버리고 내가 명령하는 대로 순종하라는 말이다. 모세는 40년 동안의 양치기 생활로 '자신에 대한 부정적인 관념'(열등감)과 군대가 없고 권력이 없으며 바로 왕의 절대 권력과 능력 앞에 아무것도 할 수 없다는 선입관념이 그를 지배하고 있기 때문에 '하나님과 말씀의 위대함'을 믿지 못하는 상태였다.

그래서 하나님은 '네 발에서 신을 벗으라'고 말하고 계신 것이다. 이에 모세가 자신의 모든 관념들을 내려놓고 하나님의 행하실 일의 도구로만 쓰여 졌을 때, 하나님께서 역사하심으로 이스라엘 민족이 출애굽 하는 귀한 역사가 실현될 수 있었던 것이다.

이렇듯 하나님보다 더 의지하고, 더 좋아하고, 더 귀하게 여기고, 더 무서워하고, 더 위대한 존재로 여기는 것이 우상이다. 그것은 어떤 때는 물질이기도 하고, 자녀이기도 하고, 세상의 관념들이기도 하다. 이러한 것들은 때로는 보기에 너무 좋아 미혹 되기도 하고, 때로는 너무나 강력해 그것을 떠나 살 수 없을 것처럼 생각되기도 한다. 그러나 그것이 어떤 형태이든 그 우상을 섬기는 것이 바로 하나님과 우리를 단절시키는 것이고, 하나님을 떠나 죄악 된 삶을 살게 하는 것이다.

세상의 어떤 것이든 하나님보다 더 의지하는 순간부터 하나님의 기적은 경험할 수 없게 된다. "하나님은 크고 측량할 수 없는 일을 행하시며 기이한 일을 셀 수 없이 행하시는 분"(욥 5:8)이시다. 그리고 그 하나님은 우리가 하나님과의 관계를 온전히 회복함으로 하나님의 사랑 안에서 하나님의 놀라운 역사를 경험하시기를 원하신다. 당신 앞에 있는 우상을 제거하고 하나님만을 온전히 신뢰하라. 하나님께서 기드온을 들어 사용하셨던 것처럼 당신을 통해서도 하나님의 역사를 이루실 것이다.

2) 교만을 버리라

국어사전에서는 교만을 가장 치명적인 악惡이며 잘난 체하며 뽐내고 건방짐이라고 서술하고 있다. 성경에서는 "교만은 패망의 선봉이요 거만은 넘어짐의 앞잡이"(잠 16:18)이라고 말한다. 그래서 그리스도인들이 가장 경계해야 할 것이 바로 교만이다. 교만은 뱀과 사단과 마귀의 핵심적인 성품(창 3:5;사 14:13;마 4:6)이다. 그렇기 때문에 교만한 자는 예수를 믿을 수가 없다. 교만한 자는 자신도 하나님처럼 알 수 있다고 생각하거나 스스로 바르고 공평하게 판단할 수 있다고 확신하기 때문이다.

교만할수록 자기를 중시하고, 자기의 계획과 자기의 생각을 중시한다. 인간의 교만 중 숨은 동기는 자기이름 과시에 있다. 업적위주와 자신의 명성에 야심을 둔다. 그래서 교만한 사람은 '내가'라는 말을 즐긴다. '내가' 했다. '내 아이디어'다. '내 작품'이다. '내 덕'이다. '내가 없으면 안 되었을 것이다'. 내가 빠지며 어림도 없다. 시종 '내가'이다. 그러나 하나님은 교만한 자들을 물리치시고 흩으신다.

창세기 11:3-4에서는 사람들이 바벨탑을 쌓는 내용을 다음과 같이 기록하고 있다. "자, 성과 대를 쌓아 대 꼭대기를 하늘에 닿게 하여 우리 이름을 내고 온 지면에 흩어짐을 면하자" 이들은 꼭대기를 하늘에 닿게 하여 하나님처럼 높아지려 하고, 자기 이름을 나타내려고 한다.

또한 하나님께서 사람에게 넓은 세상으로 뻗어나가도록 명령하셨는데 그 명령을 의도적으로 부정하며 온 지면에 흩어짐을 면하자고 한다. 그러자 하나님께서는 "거기서 그들의 언어를 혼잡케 하여 그들로 서로 알아듣지 못하게 하자 하시고 여호와께서 거시서 그들을 온 지면에 흩으신고로"(창 11:7-8) 그들이 성 쌓기를 그치도록 만드셨다. 이렇듯 하나님께서는 교만한 자를 대적하시고 물리치신다.

사회학자 라인 홀드 니버Reinhold Niebuhr는 인간의 교만을 다섯

가지로 정리했는데 첫째는 지적 교만이다. 배운 사람일수록 교만해질 수 있다. 모르면 모르기 때문에 겸손 하지만, 아는 것이 많을수록 가만히 있기가 어려운 법이다. 특히 학력과 학벌이 교만하게 한다. 둘째는 신분적 교만이다. 지위나 신분이 높은 권력층일수록 교만의 위험성이 높다. 또한 경제적으로 부유할수록 교만해지기 쉽다. 즉, 직급과 소유가 교만하게 만들 수 있다. 셋째, 도덕적 교만이다. 윤리적으로 바르게 살고 있는 사람은 그렇지 않은 사람에 비해서 상대적으로 더 교만할 수 있다. 넷째, 신앙적 교만이다. 먼저 신앙생활을 했거나, 무언가 영적 체험이 많은 사람이 그렇지 않은 사람보다 교만해질 수 있다. 그리고 마지막으로 집단적 교만이다. 인간은 자기가 어떤 그룹에 속했는가, 어느 지역에 사느냐에 따라서 자신의 신분상승이 이루어진다는 교만의식을 가질 수 있다.

우리는 어떤 형태의 교만이든 멀리해야 한다. 하나님이 가장 싫어하는 것이 교만이다. 성경은 교만의 위험성을 진중하게 경고하고 있다.

"여호와께서 미워하시는 것, 곧 그 마음에 싫어하시는 것이 육 칠 가지니 곧 교만한 눈과…"(잠 6:16)

교만한 자는 하나님과의 관계가 바로 설 수가 없다. 하나님을 만홀히 여기고 하나님의 말씀을 경이 여기면서 어떻게 하나님과의 관계가 바르게 정립될 수 있겠는가? 하나님은 겸손한 자에게 은혜를 주신다(약 4:6). "주 앞에서 낮추라. 그리하면 주께서 너희를 높이시리라"(약 4:10)고 하셨다. 자신을 낮추는 만큼 높여주신다. 내려가는 만큼 올려주신다. 비우는 만큼 채워주신다. 내 이름, 내 명성, 내 업적이 아니라 나를 통해 이루시는 하나님을 높여야 한다. 겸손해지는 길이 존귀함에 이르는 비결이다. 우리가 겸손한 만큼 하나님의 놀라운 기적이 일어난다.

겸손할 줄 모르는 사람은 그리스도를 모르는 사람이다. 그리스도를 아는 사람은 겸손할 수밖에 없다. _로마드카

교만을 일삼으면 고독이 뒤따르고, 항상 자신을 낮추는 겸손한 사람에게는 만복이 찾아온다. 사람의 성품 중에 가장 뿌리 깊은 것은 교만이다. 공중에 날겠다는 생각이 헛된 것처럼 자신을 드높이려는 생각 역시 헛된 것이다. 자신을 드높이면 오히려 사람들에게 반감을 생기게 할 것이며, 그들의 눈에 멸시의 표정을 짓게 할 것이다. _톨스토이

교만한 이는 항상 내려다보는 사람을 말하는데 내려다보는 자가 어떻게 위엣 것을 볼 수 있겠는가. _C. S. 루이스

교만은 모든 죄악의 어머니다. _토마스 아퀴나스

3) 이기심을 버리라

이기심은 자기중심적이고 다른 사람의 마음과 삶을 배려하지 않는 마음이다. 이기적인 마음은 다른 사람의 어려운 마음과 삶을 긍휼히 여기고 돌보는 마음이 없이, 자기 유익만을 생각하고 자기 이득만을 취하게 만든다. 인간이 이성적인 존재로 창조되었음에도 불구하고 이기적인 것은 이성에 영향을 미치는 본성이 타락해 자기의 이익과 필요를 충족시키기를 원하기 때문이다. 인간은 본래 하나님과 함께 하나님이 기뻐하시는 것을 통해서 기뻐하도록 하셨는데, 타락과 함께 하나님과의 관계를 상실함으로 자기 중심적 본성을 가지게 되었다.

성경에 나오는 욥의 삶이 하나님이 보시기에 "그와 같이 순전하고 정직하여 하나님을 경외하며 악에서 떠난 자가 세상에 없는 사람"(욥 1:8)이었지만 "그 아들들이 자기 생일이면 각각 자기의 집에서 잔치를 베풀고 그 누이 셋도 청하여 함께 먹고 마시므로"(욥 1:4)라고 기록된 것처럼 이웃도 모르고 가족만 귀하게 여기는 이기적인 본성의 삶을 살았다.

그러나 욥이 형극의 시련을 겪으면서 "내가 주께 대하여 귀로 듣기만 하였삽더니 이제는 눈으로 주를 뵈옵나이다"(욥42:5)라는 신앙의 성숙을 고백하게 되고, 하나님과의 관계가 바르게 회복되면서 "벗들을 위해 빌매"(욥 42:10)라고 기록된 것처럼 다른 사람들을 돌아보는 사람(마 25:31-46)으로 변화하게 되었다. 그렇게 욥이 하나님의 사람으로 변화되었을 때 하나님께서는 욥을 축복하사 "여호와께서 욥의 곤경을 돌이키시고 욥에게 그 전 소유보다 갑절이나 주신지라"(욥 42:10)는 고백을 할 수 있도록 하셨다.

이기심은 하나님과의 관계가 어긋나면서 생긴 것이기 때문에 인간의 노력만으로는 완전히 없앨 수가 없다. 이기적인 한계를 극복하려는 노력, 수고, 이해를 해야 하지만 그 한계가 있을 수밖에 없으며 하나님의 전적인 은혜의 역사가 있어야만 한다. 그럼에도 불구하고 주어진 현실과 관계 속에서 자신을 성찰하고, 자신을 이기적인 모습을 인정하고 겸손함으로 하나님의 형상대로 살려는 노력을 멈춰서는 안 된다.

또한 하나님의 은혜 안에서만 하나님의 형상대로 살 수 있음을 깨닫고, 하나님과의 관계를 바르게 회복하기 위해 노력해야만 한다. 우리가 하나님과의 관계를 바르게 함으로 나만을 위한 삶에서 다른 사람을 배려하는 삶으로 나의 지경을 넓혀 나갈 때 우리를 통해 하나님의 역사가 확장될 것이다.

4) 하나님을 아는 지식에 투자하라

성경은 "내 백성이 지식이 없으므로 망하는도다"(호 4:6)고 했고, "그러므로 우리가 여호와를 알자 힘써 여호와를 알자"(호 6:3)라고 말하며 하나님을 아는 것의 중요성을 강조하고 있다. 사람들은 '하나님에 대해서는 많은 것을 알고' 있지만 정작 '하나님은 많이 알지 못하고'있다. 경건에 대해서는 많이 알고 있지만 정작 하나님은 많이 알지 못하고 있다.

하나님을 아는 지식에는 지식적인 앎이 있다. 지식적인 앎은 설교를 듣고 성경을 읽고 신앙 서적을 읽음으로 생겨날 수 있다. 그러기에 우리가 예배 생활을 열심히 하고 성경공부를 하는 것은 하나님에 대해 배울 수 있는 매우 중요한 기회들이다. 위대한 "삶 신학자"(삶과 신학을 통합한 자)로 가장 영향력 있는 복음주의자 중에 한 분인 제임스 패커는 그의 대표작 "하나님을 아는 지식"이란 책에서 어떻게 하나님을 알 수 있느냐는 질문에 대해 다음과 같은 답변을 했다.

첫째, 주 예수 그리스도를 통해서 알 수 있다.

둘째, 예수 그리스도의 십자가와 부활을 통해 알 수 있다.

셋째, 예수 그리스도의 중보 덕에(롬 8:34) 성령의 능력으로 알 수 있다.

넷째, 예수 그리스도의 약속의 말씀에 근거해서 알 수 있다

다섯째, 예수 그리스도에 대한 검증된 진리를 개인적으로 믿음으로 알 수 있다.

그의 모든 대답에서 예수 그리스도를 빼고는 어떤 것도 설명할 수 없다. 즉, 예수 그리스도를 통해서만 하나님을 알 수 있다는 것이다. 그래서 그는 삶에 다른 어떤 것보다 더 큰 기쁨과 즐거움을 가져다주는 최고의 것은 예수 그리스도를 통해 하나님을 아는 지식이라고 했다.

하나님을 아는 또 다른 방법에는 체험적 앎이 있다. 이성적인

배움을 통해서 머리로만 아는 것이 아니라 체험적 신앙을 통해 가슴으로 하나님을 알게 되고 믿게 되는 것이다. 체험적 앎은 하나님이 어제나 오늘이나 영원토록 살아 역사하고 계시고, 절대 주권성을 갖고 계시며, 사랑과 능력이 많으신 약속을 신실하게 지키시는 분이심을 아는 것이다. 이는 기도를 통해서 하나님이 내 삶에 역사하고 계심을 체험하면서 더 분명하게 알게 되는 것이다. 누가복음 1장 34절과 35절에 보면 마리아에게 천사가 찾아와 예수를 잉태할 것을 이야기한다. 그 때, 마리아는 "나는 남자를 알지 못하니 어찌 이 일이 있으리이까"(눅 1:34)라고 답한다. 이는 마리아가 남자를 이성적으로 알지 못한다는 말이 아니라 남자를 경험하지 못했다는 말이다. 이는 이성적으로는 마리아가 처녀의 몸으로 예수를 잉태하는 것이 불가능함을 말한다. 그러나 천사는 "이르되 성령이 네게 임하시고 지극히 높으신 이의 능력이 너를 덮으시리니 이러므로 나실 바 거룩한 이는 하나님의 아들이라 일컬어지리라"(눅 1:35)라고 말한다.

이 말을 믿고 순종한 마리아는 처녀의 몸으로 예수님을 잉태하고 출산함으로 하나님의 말씀이 온전히 이루어짐을 체험하게 되었다. 또한 이로 인해 "주께서 친히 징조로 너희에게 주실 것이라 보라 처녀가 잉태하여 아들을 낳을 것이요 그 이름을 임마누엘이라 하리라"(사 7:14)는 말씀과 "이는 한 아기가 우리에게서 났고 한 아들을 우리에게 주신바 되었는데 그 어깨에는 정사를 메었고 그 이름은 기묘자라 모사라 전능하신 하나님이라 영존하시는 아버지라 평강의 왕이라 할 것임이라"(사 9:6)는 예언의 말씀들이 자신을 통해 성취케 됨을 체험함으로 하나님의 위대한 뜻을 이루는 축복의 통로로 귀하게 쓰임 받았다.

3. 하나님과의 관계가 회복될 때의 변화

하나님과의 관계가 회복되는 것은 우리의 죽은 영이 살아나는 것이고, 우리의 존재 목적을 알게 되는 것이다. 그래서 하나님과의 친밀한 사랑의 관계를 갖은 사람들은 적극적이고 능동적이며 자존감이 높다. 가장 위대하신 능력의 하나님이 나와 함께 하시고, 나의 구원자가 되시며, 나의 피난처가 되시는데 두려울 것이 없기 때문이다. 그래서 그들은 하나님이 주시는 꿈을 꾸며 담대하게 도전하고 하나님의 귀한 도구로 쓰임 받는다.

하나님과의 친밀한 사랑의 관계를 회복한 사람들에게는 다른 사람과 구별되는 축복된 변화가 나타난다. 우선 하나님과의 관계가 회복된 사람들은 하나님을 향한 거룩한 열정을 갖고 산다. 다니엘서에 나오는 다니엘과 세 친구는 우상에게 절하지 않으면 풀무불에 던짐을 당하게 되는(단 3:15) 상황에서도, 사자 굴에 던져짐을 당해도(단 6:16) 하나님을 향한 사랑의 불을 끄지 않았다. 또 바울 사도의 "내가 달려갈 길과 주 예수께 받은 사명 곧 하나님의 은혜의 복음 증거 하는 일을 마치려 함에는 나의 생명을 조금도 귀한 것으로 여기지 아니하노라"(행 20:24)는 고백처럼 하나님과의 관계가 회복된 사람들은 하나님을 향한 거룩한 열정을 가지고 산다.

또한 하나님과의 관계가 회복된 사람들은 하나님을 위한 위대한 생각을 가슴에 품게 된다. 느헤미야는 형제 하나니로부터 "큰 환난을 당하고 능욕을 받으며 예루살렘성은 훼파되고 성문들은 소화되었다"는 소식을 듣는다. 그 소식을 들은 느헤미야는 앉아서 울고 수일 동안 슬퍼하며 하나님 앞에 금식하며 기도하던 중 아닥사스다 왕의 술 관원이라는 높은 직책에 있던 자신의 모든 권익을 포기하고 예루살렘 성전의 재건을 위해 헌신한다. 이는 하나님과의 관계가 회복되면 어떤 개인적인 손해나 개인적인 십자가들(눅 9:23)은 아무 문제가 되지 않기 때문이다. 내 모든 문제를 알고 계시는 주님께서 남은 문제들을 해결해 주실 것을 믿기에 내 생각이 아닌 하나님의 위대한 생각을 가슴에 품게 되는 것이다.

하나님과의 관계가 회복된 사람들은 하나님을 위한 담대함을 갖고 산다. 어떤 일이 올바른가를 분별하는 길은 고민스럽고 어려운 일이다. 그러나 그것보다 더 어려운 일은 올바른 길을 가는 실천의 행동이다.

그러나 하나님과의 관계가 회복된 사람들은 오스왈드 챔버스 Oswald Chambers의 말처럼 결과에 상관없이 기쁘게 그 일들을 행하게 된다. 그것은 "사람보다 하나님께 순종하는 것이 마땅하니라"(행 5:29)하는 베드로와 사도들의 말처럼 세상의 눈이나 주위 사람들이 아니라 하나님을 의식하고 하나님을 의지하며 나아가는 담대함을 가졌기 때문이다.

마지막으로 하나님과의 관계가 회복된 사람들은 하나님 안에서 평안을 얻는다. 하나님이 나를 알고, 나를 사랑하시며, 자녀로 삼으셨다는 확신, 죽음을 넘어 영원까지 계속될 하나님의 사랑을 확신한 사람들이 누리는 평안은 무엇과도 비교할 수 없다.

바울 사도가 "우리가 믿음으로 의롭다 하심을 받았으니 우리 주 예수 그리스도로 말미암아 '하나님과 화평'(하나님이 주신 평안)을 누리자"(롬 5:1)고 말할 수 있는 것은 하나님과의 관계가 바르게 세워져 있기 때문에 가능한 것이다. 다니엘서에 나오는 세 친구 사드락과 메삭과 아벳느고가 가졌던 평안도 이와 같다. 더구나 그들은 느부갓네살 왕에게 "우리가 이 일에 대하여 왕에게 대답할 필요가 없나이다 왕이여 우리가 섬기는 하나님이 계시다면 우리를 맹렬히 타는 풀무불 가운데서 능히 건져내시겠고 왕의 손에서도 건져내시리이다 그렇게 하지 아니하실지라도 왕이여 우리가 왕의 신들을 섬기지도 아니하고 왕이 세우신 금 신상에도 절하지 아니할 줄을 아옵소서"(단 3:16-18)라는 믿음의 고백을 할 만큼 하나님이 주시는 평안 안에 거하고 있었다.

하나님과의 친밀한 사랑의 관계를 회복하는 것, 하나님이 나의 주인 되시고, 나의 창조주 되심을 온전히 고백함으로 하나님의 인도하심 안에 거하는 것, 그것이 우리의 삶을 변화시키고 성공케 하는 가장 근본인 것이다.

아직도 하나님 앞에 나아가기를 머뭇거리고 있는가? 교회를 다니고 신앙생활을 한다고 하면서도 내 안에 있는 우상을 섬기고 교만한 마음과 이기심으로 가득 찬 내 못난 자아 때문에 하나님과의 관계가 단절되어 있는가? 하나님과의 관계를 회복하는 것, 이것은 선택사항이 아니라 죽음에서 생명으로 옮겨가는 내 인생의 가장 중요한 결단임을 기억하자.

4장

성령의 충만을 끊임없이 갈망하라

1. 성령님은 어떤 분이신가?

성경은 여러 부분에서 성령님에 대해 이야기 하고 있고, 우리에게 성령 충만을 받을 것을 강권하고 있다. 예수님 또한 제자들에게 "내가 아버지께 구하겠으니 그가 또 다른 보혜사를 너희에게 주사 영원토록 너희와 함께 있게 하시리니 저는 진리의 영이라 세상은 능히 저를 받지 못하나니 이는 저를 보지도 못하고 알지도 못함이라 그러나 너희는 저를 아나니 저는 너희와 함께 거하심이요 또 너희 속에 계시겠음이라"(요 14:16-17)고 하시며 성령님을 우리에게 보내주실 것을 말씀하셨고, 부활 승천하시기 전에도 "볼지어다 내가 내 아버지의 약속하신 것을 너희에게 보내리니 너희는 위로부터 능력을 입히울 때까지 이 성에 유하라"(눅 24:49)고 말씀하시며 성령을 받아야 함을 말하고 계신다.

이렇듯 성경은 우리에게 성령을 받아야 하고, 성령 충만 해야 함을 말하고 있는데, 우리가 성령 충만을 갈망하기 위해서는 성령님이 도대체 어떤 분인지부터 알아야 할 필요가 있다.

성령을 그저 신비롭고 경이로운 능력으로 이해하는 것은 성령의 사역에 대한 잘못된 오해와 광신이 생기게 만들 수 있기 때문이다. 바르게 알고 바르게 믿어야 하나님의 온전한 인도와 도움을 받을 수 있다.

성령님이 어떤 분이신가에 대한 첫 번째 답은 성령님은 하나님이시라는 것이다. 성경은 여러 부분에서 성령님을 하나님과 동일시하여 나타내고 있다(행 5:3-4). 또한 예수님께서 부활 승천 직전에 제자들을 모아 놓으시고 마지막 "가장 위대한 명령"(마 28:19)을 하실 때 성령님을 아버지와 아들과 동일한 하나님의 반열에 세워 놓으심으로 성령님께서는 분명히 아버지와 아들과 동일한 권세와 능력과 영광을 가신 하나님이시라는 것을 조금도 의심할 여지가 없도록 우리에게 확증해 주셨다.

더욱이 성령님께서 하나님이 되심이 확실한 것은 오직 하나님만이 영원하시고(히 9:14), 전지하시며(고전 2:10), 전능하시고(눅 1:35), 무소부재(시 139:7-8)하신데 성령님은 이 모든 하나님의 속성을 다 갖고 계신다는 점이다.

반면, 성령님은 인격적 속성도 가지고 계신다. 사람들이 성령님이 인격적 속성을 가지고 계시다는 것에 의아해 하는 이유는 인격Personality과 육체적 형체Corporeity에 관하여 잘 구별하지 못하기 때문이다. 우리는 인격이라고 말하면 반드시 인간적인 육체적 형체를 가져야만 된다고 생각하는데, 실상 인격을 갖기 위해서 반드시 육체적 형체를 가져야만 하는 것은 아니다. 육체적 형태 여부와 상관없이 인격적 속성을 가지고 있으면 인격체가 되는 것이다. 한 인격이 형성되기 위해서는 사물을 깨달아 아는 '지'와 희로애락의 '정'과 사물을 판단하고 그것에 관한 자기의 태도를 결정하는 '의지'가 있어야 하는데 성령님께서는 지성(고전 2:10), 감정(엡 4:30), 의지(고전 12:11)를 모두 갖고 계신다. 그래서 성경은 성령님께서는 우리와 함께 거하시고 또 우리 속에 계시면서 역사하시는 하나님이시며 지, 정, 의를 가지신 인격체이심을 말하고 있다.

또한 성경을 잘 살펴보면 인격만이 할 수 있는 수많은 행위들이 성령님께 속해져 있음을 기록하고 있는데 성령님께서는 말씀하시고(계 2:7) 인간의 연약함을 도우시고(롬 8:26), 우리를 가르치시고(요 14:26), 성도를 인도하시고(요 16:13), 주님의 사역을 지도하시고(행 16:6-7), 주님의 사역을 위해 일군을 선택하시고(행 13:2), 성도들을 위로(행 9:31)하심을 증거 하고 있다. 즉, 성령님은 우리가 생각하는 어떤 육체적인 형체를 가지고 있는 것은 아니지만 인격적인 하나님이시기에 우리의 모든 사정을 아시고 이해하시고 도우시는 것이다.

2. 성령님은 어떤 일을 하시는가?

성령님은 그리스도와 같은 분으로 2,000년 전에 육을 입고 오셔서 하시던 일을 오늘날 성령 충만한 사람들을 통해서 예수님과 똑같은 능력과 권세로 사역하시는 분이시다. 인격체로 이 땅에 오신 성령님은 예수님이 지금 이 땅에 계실 경우 행하기를 원하시는 모든 것을 우리를 통해 행하신다. 예수님이 하나님과 똑같은 분이듯 성령님은 예수님의 영이시기 때문에 예수님과 똑같은 분이시다. 그렇기 때문에 성령님의 임재는 우리 주 예수 그리스도께서 친히 여기 와 계신 것과 똑같은 것이며 성령님이 하시는 모든 능력의 역사들은 모두 예수님의 영광을 나타내는 것이다. 이에 대해 성경은 "진리의 성령이 오시면 그가 너희를 모든 진리 가운데로 인도하시리니… 그가 내 영광을 나타내리니 내 것을 가지고 너희에게 알리겠음이니라"(요 16:13-14)라고 말하고 있다. 성령님의 사역들을 좀 더 구체적으로 살펴봄으로써 성령님에 대해 좀 더 알 수 있게 될 것이다.

1) 회개케 하심(요 16:7-11)

"그가 와서 죄에 대하여, 의에 대하여, 심판에 대하여 세상을 책망하시리라" (요 16:8)

우리가 믿지 않았을 때의 영적 상태를 성경은 "허물과 죄로 죽은 자"(엡 2:1)라고 말하는데 이 말은 하나님을 믿기 전에는 영혼이 없다는 뜻이 아니라, 영혼이 있지만 하늘나라와 하나님의 생명에서 떨어져 있어서 전혀 하나님과 하나님의 나라에 관하여 알지 못하는 무감각한 상태에 놓여 있는 것을 말한다. 만일 이와 같은 상태에 그대로 머물러 있다가 그 육체가 죽게 되면 그 영혼은 하늘나라와 하나님과는 완전히 분리된 지옥으로 떨어져 버리게 된다. 그렇기 때문에 성령님은 우리로 '자기의 죄를 깨닫고 예수님의 속죄의 피를 믿어 하나님이 주시는 영생'을 믿을 수 있도록 끊임없이 역사하신다.

하나님을 믿지 않아, 죄와 허물로 영혼이 죽어 있는 사람들에게 예수 그리스도의 구원의 복음은 말도 안 되는 허무맹랑한 이야기이다. 영혼이 죽어 무감각한 상태에 있는 불신앙 상태에서 자기의 감각이나 이성으로는 하나님의 구원을 이해할 수 없기 때문이다. 예수 그리스도의 구원의 역사를 이해할 수 있는 것은 오직 성령의 내적 계시의 능력에 의해서만 가능한 은혜인 것이다.

성경에는 이를 "하나님이 자기를 사랑하는 자들을 위하여 예비하신 모든 것은 눈으로 보지 못하고 귀로도 듣지 못하고 사람의 마음으로도 생각지 못하였다 함과 같으니라 오직 하나님이 성령으로 이것을 우리에게 보이셨으니…" (고전 2:9-10)라고 기록하여 놓았다. 성령님은 하나님의 구원의 역사를 믿지 못하게 하는 자들을 회개케 하심으로 하나님께 돌아오게 하시는데 요한복음 16장 8절에 기록된 말씀이 이를 나타내고 있다. "그(성령님)가 와서 죄에 대하여, 의에 대하여, 심판에 대하여 세상을 책망하시리라" (요 16:8)는 말씀 중 세상이란 거듭나지 못한 인간의 영혼을 가리

키며, 세상을 책망하신다는 것은 성령님께서 거듭나지 못한 인간의 영혼에게 역사하여 그들이 깨닫고 회개케 하신다는 의미다. 이 이후 말씀을 보면 성령님이 인간을 어떻게 회개시키시는지 나타내는데, 성령님은 '예수님을 믿지 않고' 자기중심적이고 정욕적인 삶을 살아왔던 죄에 대하여 깨닫게 하심으로서 회개케 하시고(요 16:9), '오직 의로움은 예수님께만' 있다고 하는 진정한 의에 대하여 깨닫게 하시며(요 16:10), '예수님을 영접하지 않으면' 죽음 이후에 반드시 받게 될 심판의 두려움을 깨닫게 하심으로서 회개케 하신다(요 16:11).

성령님은 허물과 죄로 죽어있는 영혼인 상태로는 절대 깨달을 수 없는 하나님의 강권적인 은혜의 역사를 알게 하시고, 참된 회개를 통해 하나님의 자녀로 돌아오도록 만드신다. 탕자의 삶을 살다가 하나님의 자녀로서 귀하게 쓰임 받았던 어거스틴, 뮬러, 존 뉴턴, 맬 트레드, 유계준 장로, 김익두 목사 등 수 많은 사람들의 기적 같은 변화는 성령님의 강권적인 회개의 역사 안에서만 가능한 일이다.

2) 거듭나게 하심(요 3:1-8)

"예수께서 대답하여 가라사대 진실로 진실로 내게 이르노니 사람이 물과 성령으로 나지 아니하면 하나님 나라에 들어갈 수 없느니라"(요 3:5)

중생 즉, 거듭난다는 말은 예수님께서 요한복음 3장에서 바리새인 관원 니고데모에게 말씀하시면서 사용하신 단어이다. 니고데모는 엄격한 율법과 종교의식을 준수하던 바리새파의 관원이요 선생이었지만 그의 종교에서 참된 만족과 구원의 확신을 얻지 못하여 밤중에 몰래 예수님을 찾아온다. 그때 예수님께서는 니고데모에게 "사람이 거듭나지 아니하면 하나님 나라를 볼 수 없느니라."(요 3:3)고 선언하신다. 니고데모가 다시 "사람이 늙으면 어떻게 날 수 있습니까? 두 번째 모태에 들어갔다가 날 수 있습니까?"라고 반문하자 예수께서 대답하시기를 "진실로 네게 이르노니 사람이 '물과 성령'으로 나지 아니하면 하나님 나라에 들어갈 수 없느니라 육으로 난 것은 육이요 성령으로 난 것은 영이니 내가 네게 거듭나야 하겠다는 말을 기이히 여기지 말라"(요 3:5-6)고 거듭나는 이치를 설명하여 주신다.

여기에서 예수님은 인간의 구원은 인간 스스로의 어떤 노력이나 수양 혹은 종교적 행사를 통하여 이뤄질 수 있는 것이 아니라 오직 존재의 근원에서 새로운 창조적 혁신이 일어나야만 가능하다라는 것을 말씀하고 있는 것이다.

요한복음 1장 13절 말씀에도 하나님의 자녀가 되기 위해서는 하나님께로서 나지 않으면 안 된다는 것을 "이는 혈통(부모에 의해서)으로나 육정으로나(내 의지나 노력으로) 사람의 뜻(어떤 사람의 강요로)으로 나지 아니하고 오직 하나님께로서(하나님의 은혜와 섭리로) 난 자들이니라"고 표현하고 있다. 요컨대 육은 어디까지나 육일 뿐이어서 어떤 윤리나 도덕 혹은 종교나 율법이나 의식을 첨가시켜도 여전히 윤리적인, 도덕적인, 종교적일 뿐이라는 사실은 변하지 않는다. 세상이 발달하면서 사람과 너무나 비슷한 휴먼로봇이 개발되고 있지만 로봇은 로봇일 뿐 사람이 될 수는 없다. 이는 로봇과 사람의 근본적 존재의 차원이 다르기 때문이다.

마찬가지로 우리가 구원을 얻기 위해서는 육의 인간에서 영적인 존재로의 근원적 변화가 필요하며 이는 하나님의 은혜와 "물과 성령"으로 인한 거듭남이 있어야지만 가능한 것이다.

성령님은 죄인을 거듭나게 함으로 육의 인간을 하나님께로부터 난 영의 인간으로 변화시킴으로 영생을 얻게 하는 새로운 창조적 역사를 이루실 뿐만 아니라 영의 아버지인 하나님을 더욱더 알게 하시고, 죽음이 끝이 아니라 영원한 세계가 있음을 알게 하시며, 영적 역사와 영적 세계에 눈을 뜨게 하신다.

이러한 영적인 역사들은 인간의 지식이나 노력을 통해서 이해할 수 있는 것이 아니라 오직 성령님을 통한 거듭남으로 가능한 것이다. 예수님께서도 요한복음 16장 14절에서 친히 "그가(성령) 내 영광을 나타내리니 내 것을 가지고 너희에게 알리겠음이니라"고 말씀하심으로 예수님 자신을 성령의 역사하심을 통하여 우리 인간에게 나타내실 것을 말씀하셨다.

3) 자녀 됨을 확증하심(롬 8:16)

"성령이 친히 우리의 영과 더불어 우리가 하나님의 자녀인 것을 증언하시나니"(롬 8:16)

많은 사람들이 교회를 다니고, 침례(세례)를 받고, 교적에 입적하면 구원을 받고 하나님의 자녀가 된다고 생각한다. 그러나 이러한 종교의식을 준수하는 것이 하나님을 더 잘 알고 하나님의 아들이 되는 외적인 도움은 될지언정 그 자체가 우리를 하나님의 자녀로 만들어주지는 못한다.

우리가 하나님의 자녀가 되었음을 알게 되는 것은 이러한 외적인 행위가 아니라 성령의 능력으로 말미암아 '하나님의 아들이 되었다는 마음의 확실한 계시'가 임하는 때이다. 성경은 "성령이 친히 우리 영으로 더불어 우리가 하나님의 자녀인 것을 증거 하시나니"(롬 8:16)라고 기록하며 성령님이 우리가 하나님의 자녀인 것을 확증해주신다 하셨다.

성령님은 거듭남의 기적을 통해 하나님께서 우리의 아버지가 된 것을 마음속에 계시하여 준다. 아버지라는 말은 내 생명의 생성자, 내 존재의 원인된 자를 가리켜 부르는 대명사이다. 신앙생활을 하면서 하나님을 아버지라고 부르는 것은 하나님을 내 생성자로, 내 존재의 원인으로 깨닫게 되기 때문이다. 우리가 하나님께로부터 태어남으로, 하나님은 나의 아버지가 되고 나는 하나님의 친아들이 되는 내 존재의 근본을 찾는 것이 바로 기독교의 가장 큰 목적이다. 그리고 이것은 마치 우리가 세상에서 육신의 부모를 통하여 실제로 생명을 얻고 태어난 것처럼 '성령의 능력으로 말미암아 하나님의 말씀'을 받아 거듭남으로 하나님의 신령한 자녀로 다시 태어나 새 생명을 얻는 내적 변화의 체험이 있을 때만 가능한 것이다.

우리가 하나님을 아버지라고 부르는 것은 내가 말씀과 성령으로 인해 하나님께로부터 태어난 존재임을 깨닫고 난 후, 마음속에서 끓어오르는 본능으로 아바 아버지라고 부를 수 있게 되는 것이다. 그러므로 성령님의 역사 없이는 종교인은 될지언정 하나님의 자녀는 될 수 없는 것이다. 우리가 하나님의 자녀임을 아는 것은 힘으로도 아니 되고 능으로도 되지 아니하고 오직 성령으로 거듭날 때 "성령의 계시"로 말미암아 "마음속에 깨달아지는 것"이다.

4) 가르치고 생각나게 하심(요 14:26)

"보혜사 곧 아버지께서 내 이름으로 보내실 성령 그가 너희에게 모든 것을 가르치고 내가 너희에게 말한 모든 것을 생각나게 하시리라" (요 14:26)

우리에게 하나님을 만나게 하시고 알게 하시는 분은 바로 성령님이시다. 성령님은 '놀라운 신비'이신 하나님을 우리에게 나타내시고 하나님을 인간의 영에게 보여 주신다. 우리는 성령님이 하나님에 대해 가르쳐주시는 것 이상의 하나님을 알 수는 없다. 또한 우리는 성령님이 예수님에 대해 가르쳐주시는 것 이상의 예수님을 알 수는 없다. 왜냐하면 하나님과 예수님에 대해서 가르쳐주실 수 있는 분은 오직 성령님 한 분이시기 때문이다. 그래서 예수님은 "그가 내 영광을 나타내리니 내 것을 가지고 너희에게 알리겠음이니라"(요 16:14)라고 말씀하셨고, "보혜사 곧 아버지께서 내 이름으로 보내실 성령 그가 너희에게 모든 것을 가르치시고 내가 너희에게 말한 모든 것을 생각나게 하시리라"(요 14:26)라고 하셨던 것이다.

성령님이 임한 사람은 두 가지를 경험하게 되는데 그 중 하나는 보혜사 성령님이 예수님께서 하신 말씀을 자꾸 생각나게 하신다는 것이다. 어떤 사람은 기를 쓰고 예수님의 말씀을 생각해 내야 하는 반면, 어떤 사람은 다른 것은 생각나지 않더라도 하나님의 말씀만은 항상 샘솟듯 생각해 낸다. 그것은 아이큐나 기억력이나 추리력과 상관없는 일이다. 성령님이 임하시면, 하나님의 말씀이 생각나게 되는 것이다.

또 하나는 성령님께서 모든 것들을 가르쳐 주시고 깨닫게 해주신다는 것이다. 성령님의 특징은 한마디로 가르쳐 주시는 것이다. 성령 체험이 있으면 기적, 부활의 진리를 쉽게 이해하게 된다. 보혜사 성령님은 말씀을 통해서, 실생활의 경험을 통해서 우리가 주님에 진리의 말씀을 깨닫고 이해하도록 인도하신다. 예수님께서는 이 세상을 떠나시기 전에 누누이 성령께서 오셔서 모든 진리를 가르치시며 주님의 말씀을 깨닫게 하시고 감당케 해 주신다고 약속하셨다(요 16:12-14).

그리고 주님의 약속이 오순절 이후 제자들의 생애 속에 실제로 일어난 역사적 사실을 우리는 성경과 교회사를 통하여 알게 된다. 오순절 이전의 제자들은 거의 이기주의적 동기에서 예수님을 따랐고 또한 예수님의 가르치심의 내면적인 뜻은 전혀 이해하지 못하였다. 그리고 예수님께서 십자가에 못 박혀 돌아가셨다가 부활하신 후에도 그들의 어리둥절함이란 형언할 수 없었으며 그들의 생활은 갈피를 잡지 못했다. 그러던 그들이 오순절 날 성령침례(세례)를 받고 난 후에는 급격한 변화가 그들의 생애 위에 나타났다. 그들은 '성령의 가르치심을 통해서' 예수님의 말씀을 기억할 뿐 아니라 하나님의 말씀인 '진리의 내면적 뜻을 깊이 깨닫게 되었고' 또 그 진리를 소화하여 자기들의 생명이 되도록 감당하여 장성하게 된 것이다.

오늘날도 마찬가지이다. 만일 우리가 거듭남의 놀라운 은혜를 체험한 후에도 성령님의 가르침을 사모하여 성령의 충만함을 입지 않는다면 그러한 사람은 아무리 하나님의 말씀을 많이 공부하고 듣는다 해도 오직 문자로만 알게 될 뿐 영적인 생명을 얻지 못하게 될 수밖에 없다. 또한 말씀이 가르치시는 내면적인 뜻을 놓쳐 버리므로 항상 영적 생명이 기갈 되어 장성치 못하고 무능한 신앙생활을 하게 된다. 또 하나님께 대한 진실 된 의지의 순종이나 봉사함으로부터 얻는 영광의 감격을 경험하지 못하므로 그리스도 안에서의 온전한 성장을 얻을 수가 없게 된다. 그러므로 '말씀을 통한 성령의 가르치심'과 함께 '실생활을 통한 성령의 가르치심'을 결코 등한히 여겨서는 안 된다.

5) 진리 가운데로 인도하심(요 16:13)

"그러하나 진리의 성령이 오시면 그가 너희를 모든 진리 가운데로 인도하시리니 그가 자의로 말하지 않고 오직 듣는 것을 말하시며 장래 일을 너희에게 알리시리라"(요 16:13)

우리는 이 세상에 사는 동안 매일매일 불확실한 미지의 세계를 살아간다. 그러나 안심할 수 있는 것은 예수 믿는 사람들에게는 매일 매일의 생활을 인도해주시는 성령님이 함께 하시기 때문이다. 우리가 낯선 외국에 가서도 가이드가 인도해주는 대로 가면 어디를 가든 걱정할 필요가 없는 것과 같은 이치다. 우리는 성경 곳곳에서 성령님이 우리를 어떻게 인도해주시는가를 살펴볼 수 있다.

바울 사도는 예수님을 인격적으로 만난 후 예수 그리스도의 생명의 복음을 전하기 위해 회당이 있고 하나님을 믿는 유대인들이 많은 아시아 지역으로 복음을 전하자 힘쓰고 애를 썼지만 "성령이 아시아에서 말씀을 전하지 못하게 하심으로"(행 16:6) 성령님께서 환상 가운데 유럽으로 인도하심을 깨닫고 유럽으로 가서 위대한 선교의 역사를 이룬다. 또한 예루살렘 교회에 큰 핍박이 있어 흩어진 사람 중 하나였던 빌립 집사는 사마리아 성에서 복음을 전할 때 더러운 귀신이 나가고 많은 중풍병자와 앉은뱅이가 일어나는 놀라운 역사가 나타났다. 그때에 "주의 사자가 빌립더러 일어나서 남으로 향하여 가사로 내려가는 길까지 가라"(행 8:26)하여 순종하니 "성령이 빌립더러 병거로 가까이 나아가라"(행 8:29)고 인도하심을 보인다. 이렇듯 성령님은 주권적인 계획과 섭리 속에 하나님의 사람들을 강권적으로 인도하여 하나님의 뜻을 성취하신다.

다윗의 신앙을 대표하고 있는 시 23편에서는 '여호와를 목자로 삼는 사람'에게는 성령께서 '푸른 초장으로 쉴 만한 물가로 인도'하셨고 또 '영혼을 소생시키시고 자기 이름을 위하여 의의 길로 인도'하셨음을 간증하고 있다. 이처럼 성령님은 예수님을 인생의 주인으로 삼는 성도들에게 언제나 진리의 길, 승리의 길, 축복의 길을 보여주시며 형통하고 창대한 길로 인도하심을 보게 된다.

6) 성도들을 위로하심(행 9:31)

"그리하여 온 유대와 갈릴리와 사마리아 교회가 평안하여 든든히 서 가고 주를 경외함과 성령의 위로로 진행하여"(행 9:31)

보혜사를 헬라어에서는 파라클레토스παρακλητοσ라고 하는데 이는 '옆에서 도움을 주려고 부르심을 받은 자'라는 뜻이다. 즉, 성령님은 우리 곁에 오셔서 힘과 용기를 주시는 위로의 영으로 새 힘을 불어넣어 주시는 분이라는 것이다. 성령님은 우리 가슴 속에 새로운 의욕을 고취시켜주심으로 낙심과 좌절에서 다시 일어나게 하신다. 그래서 예수님은 열두 제자들이 풀이 죽어 다락방에 숨어 있을 때 부활의 첫 선물로 성령을 받으라고 축복하셨던 것이다.

바울은 "찬송하리로다 그는 우리 주 예수 그리스도의 하나님이시오 자비의 아버지시오 모든 위로의 하나님이시며 우리의 모든 환난 중에서 우리를 위로하사 우리로 하여금 하나님께 받는 위로로써 모든 환난 중에 있는 자들을 능히 위로하게 하시는 이시로다"(고후 1:3-4)라고 고백하며 성령 하나님을 찬양하며 감사한다.

이처럼 성령님은 우리에게 언제나 힘이 되어주시고 용기를 주신다. 실의와 좌절의 자리에서 다시 일어나도록 힘을 불어넣어 주신다. 견디기 어려운 고난과 시련 중에서도 넘어지지 않도록 든든한 버팀목이 되어주신다.

사람의 위로는 외적 행동에 그친다. 그러나 성령 하나님은 우리 내면에서부터 새 힘이 솟아나도록 기운을 북돋아주는 위로이다. 우리가 성경을 보면 인생의 처절한 시련과 아픔을 극복한 사람들의 공통점은 하나님의 위로를 힘입었다는 것을 알 수 있다.

모세가 광야에서 지치고 힘들 때마다 하나님은 그를 다정하게 위로해주셨다. 다윗이 고독하고 서러울 때마다 따뜻하게 위로해주셨다. 엘리야나 다니엘이 외롭고 쓸쓸할 때마다 친구처럼 훈훈하게 위로해주셨다.

성령님은 바울 사도가 사역할 때 매를 맞고 굶주리고 좌절하고 낙심할 때 '현재의 고난은 장차 나타날 영광과 족히 비교할 수 없음을 깨닫게 함'으로 위로하시었고, 요셉이 억울하게 감옥에 갇혔을 때는 '여러 가지 시험을 당하지만 인내를 온전히 이루라 네가 인내가 필요함은 하나님의 뜻을 행한 후에 약속을 받기 위함이라'고 위로해 주시었다.

하나님은 오늘도 지쳐 있는 우리를 위해 위로의 영으로 우리 곁에 찾아오신다. 주님은 상한 마음을 위로해 주시며 멍든 가슴을 위로해주신다. 힘을 잃고 탈진 상태에 있는 우리의 내면을 어루만져주시고 새 기운을 주신다. 곁에서 힘이 되어 주시고 든든한 버팀목이 되어 주시며 인생의 견고한 요새가 되어주신다. 그러므로 사랑의 위로자 이신 성령 하나님이 내 안에 충만이 거할 때 넘치는 위로가 임하게 되는 것이다.

7) 연약함을 도우심(롬 8:26)

"이와 같이 성령도 우리 연약함을 도우시나니 우리가 마땅히 빌 바를 알지 못하나 오직 성령이 말할 수 없는 탄식으로 우리를 위하여 친히 간구하시느니라"

(롬 8:26)

인간은 참으로 연약한 존재다. "포도나무 가지인 인간이 포도나무 되신 예수님에 연결 되어 있지 않으니"(요 15:5) 연약할 수밖에 없고 또 아무런 열매도 맺을 수 없으니 자학과 열등감으로 인해 심신이 연약하게 된다. 어떤 사람은 육체적인 고난의 짐 아래서 신음하고 어떤 사람은 환경의 어두움만을 보기에 낙심과 불안으로 심령이 연약해 있다. 어떤 사람은 진리의 가르침을 불완전하게 받았기 때문에 믿음이 연약하여 사탄과의 영적 전쟁(엡 6:12)에 대처할 능력이 준비 되지 않아 늘 시험에 빠지고, 어떤 사람은 순종의 길에 있어서 느림보이기 때문에 자주 후미에 뒤처져 있다.

신앙의 용자라 불리는 바울이었지만 그 또한 연약한 존재였다. 그는 "여러 계시를 받은 것이 지극히 크므로 너무 자만하지 않게 하시려고 내 육체에 가시 곧 사탄의 사자를 주셨으니"(고후 12:7) 라고 말한 것처럼 육체적 연약함을 가지고 있었고, 고린도후서 전체를 통해 말하듯 수많은 외부적 고난과 핍박을 받고 있는 연약한 존재였다.

그러나 이러한 연약함은 바울에게 있어 신앙이 강하게 되는 계기였고, 하나님의 은혜를 깊이 감사하게 하는 것이었다. 그렇기 때문에 바울이 로마서 8장 26절을 통해 말하는 '우리 연약함'은 이런 일반적인 연약함을 말하는 것이 아니라 '우리가 빌 바를 알지 못한다'는 것을 말한다.

우리는 우리의 문제들을 하나님께 내어놓고 기도해야 하지만 무엇을 어떻게 기도해야 하는지 모른다. 또 우리의 기도가 하나님의 뜻에 일치하지 못할 때도 많다. 그래서 성령님은 그분 자신이 우리를 위해 말할 수 없는 탄식으로 간구하신다고 말씀하고 있다. 성령님이 우리를 위해 간구하심으로 우리의 연약함을 대신 지시는 것이다. 성령이 우리를 위해 간구하실 때 우리의 연약함이 극복되어 하나님께 완전한 간구를 드릴 수 있는 것은 마음을 감찰하시는 하나님과 성령의 생각 사이에 존재하는 완전한 일치 때문이다. 그렇기 때문에 성령님은 하나님의 뜻을 우리에게 알게 하실 뿐 아니라 그 뜻대로 우리를 위해 간구하실 수 있는 것이다.

인간적인 생각으로 만사가 호전되고 물질적인 부나 건강, 사업 등이 잘 되는 것이 유익이라고 생각하는 것은 우리의 관점이지 하나님의 정의가 아니다. 하나님께서는 우리가 더 강한 믿음, 더 확실한 소망, 더 깊은 사랑으로 그리스도의 부활의 영광에 참여하여 그리스도와 영원히 살기를 원하고 계신다. 성령님은 우리로 하여금 이러한 사실을 깨닫게 하심으로 우리를 격려하시기 때문에 우리는 주님 안에서 궁극적인 승리인 우리의 영화가 이미 이루어져 있는 것임을 믿고 고난 중에 있을 때에도 힘과 평강을 얻을 수 있는 것이다.

3. 거듭남(중생)과 성령침례(세례)의 차이

거듭난 사람에게는 누구나 성령님이 임하고 성령님이 내주하신다(고전 12:3)는 사실을 우리는 이미 알고 있다. 성령님이 어떤 일을 하시는지를 살펴봄으로 성령님이 역사하지 않고는 "거듭날 수 없으며"(요 3:1-8) 거듭난 하나님의 자녀인 우리에게는 성령님이 내주하셔서 "자녀임을 상기"(롬 8:16)시켜 주시고 하나님의 자녀로 살아갈 수 있도록 가르쳐 주시고 진리 가운데로 인도해 주시고 위로해 주시고 소망을 주시고 약속을 주신다는 사실을 알게 되었다. 그런데 우리가 거듭남을 통해 성령이 내 안에 내주하였음에도 불구하고 성경은 우리에게 성령침례를 받으라고 말한다. 도대체 거듭남과 성령침례의 차이는 무엇일까?

거듭남(중생)은 성령이 죽은 우리의 영을 살리셔서 우리 영 안에 들어오심으로 우리가 육의 사람에서 영의 사람으로 바뀌고, 마귀의 종이 하나님의 자녀가 되는 것이라면 성령침례(세례)는 하나님의 자녀로 살아갈 수 있는 권능을 체험하는 것이다. 그래서 거듭남(중생)과 성령의 침례(세례)는 동일한 체험이 아니고 분명히 다른 별개의 체험이다. 물론 거듭남(중생)과 성령침례(세례)의 체험이 "동시에 일어날 수도"(행 10:44) 있고 또 어떤 기간을 두고 체험케 하는 별개의 체험으로 나타나기도 한다. 이에 대해 안영복 교수는 중생 이후 성도가 자기의 직무를 능력 있게 감당하기 위해 "위로부터 능력을 힘입는 최초의 경험을 성령세례"라고 지칭하고, 그 결과 "계속 반복되는 동일 현상을 일컬어 성령 충만" 이라고 말하였다(안영복, 『성령론』).

성령 충만과 성령세례는 본질상 같은 사역에 속하나 다만 차이가 있다면 성령침례(최초의 성령 충만)는 일회적이요, 성령 충만은 연속적이라는 것이다. 성령침례(세례)를 받은 사람만 성령의 충만을 지속적으로 갈망하게 된다(조용기, 『성령론』).

예수님의 제자들은 예수님께서 친히 택하여 불러 내셨고 그들은 "예수님께서 하나님의 아들이신 것을 고백했고"(마 16:17) 믿고 순종하였으므로 이미 거듭남으로 영생을 얻은 사람들이었다. 성경에 분명히 "내가 진실로 진실로 너희에게 이르노니 내 말을 듣고 또 나 보내신 이를 믿는 자는 영생을 얻었고…"(요 5:24)라고 기록해 놓았다. 그러므로 예수님의 말씀을 이미 듣고 순종하였을 뿐 아니라 하나님이 보내신 아들 예수님을 믿는 제자들이 영생을 얻지 못했었다고 주장할 사람은 없을 것이다.

또한 예수님께서 요한복음 13장 10절에 친히 그의 제자 중 가룟 유다 외에는 모두 깨끗하다고 증언하였으며 그 후 70인의 제자들이 전도하고 돌아와서 귀신들이 자기들에게 항복하던 것을 말하고 기뻐하였을 때 "예수님께서는 제자들에게 귀신이 항복하는 것으로 기뻐하지 말고 너희의 이름이 하늘의 어린양 생명책에 기록된 것으로 기뻐하라"(눅 10:20)고 말씀하심으로 주님을 믿는 70인의 제자들도 모두 이미 영생을 얻은 것을 인정하셨다.

그럼에도 불구하고 예수님께서는 오늘날 어떤 사람들이 말하는 것처럼 이미 믿을 때에 성령의 충만을 받았다고 말씀하지는 않으셨다.

예수님께서는 죽은 자 가운데서 부활하신 후 40일간 제자들에게 보이시며 하나님 나라의 일을 말씀하신 후 승천하시기 전에 저희에게 분부하여 말씀하시기를. "예루살렘을 떠나지 말고 내게 들은 바 "아버지의 약속하신 것"(눅 24:49)을 기다리라. 요한은 물로 세례를 베풀었으나 너희는 몇 날이 못 되어 성령으로 침례(세례)를 받으리라"(행 1:4-5)고 하심으로 제자들이 예수님을 믿고 영생 얻고 그들의 이름이 생명책에 기록되어 있음에도 불구하고 따로 성령의 침례를 받으라고 말씀하고 있는 것을 볼 수 있다.

어떤 사람들은 제자들은 오순절 이전의 성도였기 때문에 그러했지만 이제 오순절 날 성령께서 강림하여 교회가 탄생한 이후로는 누구든지 믿음과 동시에 성령침례(세례)를 받게 된다고 주장하고 있다.

그러나 사도행전 8장 5절에서 13절의 내용을 보면 예루살렘 있는 교회에 큰 핍박이 나서 유대와 사마리아 모든 땅으로 흩어진 사람들 중에 빌립 집사가 사마리아에 내려가서 복음을 증거 한 장면이 기록되어 있는데 빌립이 사마리아 성에 내려가 그리스도를 백성에게 전파하니 빌립의 말도 듣고 행하는 표적도 보고 일심으로 그의 말하는 것을 좇았다. 그 결과 많은 사람에게 붙었던 더러운 귀신들이 크게 소리를 지르며 나가고 또 많은 중풍병자와 앉은뱅이가 낫고 그 성에 큰 기쁨이 있었다. 그로 인해 수많은 남녀들이 복음을 듣고 다 침례를 받았다.

이를 보게 될 때 그 당시 침례(세례)를 받은 자들이 주님의 은혜로 거듭난 사람들이라는 것을 우리는 알 수 있다. 그러나 "예루살렘에 있는 사도들이 사마리아도 하나님의 말씀을 받았다 함을 듣고 베드로와 요한을 보내매 그들이 내려가서 저희를 위하여 성령 받기를 기도하니 "이는 아직 한 사람에게도 성령 내리신 일이 없고 오직 주 예수의 이름으로 침례(세례)만 받을 뿐 이러라 이에 두 사도가 저희에게 안수하매 성령을 받는지라"(16-17)고 기록된 말씀을 볼 때, "믿고 침례(세례)는 받았으나"(행 8:13) 동시에 성령침례(세례)를 받은 것은 절대로 아니라는 것을 확실히 알 수 있다.

박영선 목사는 성령세례는 확실히 인식되고 감각되고 "이것이다"라고 분명히 외칠 수 있는 것으로서 단순한 성령의 내주와는 달리 내가 그것을 받았다는 것을 아는 결코 잊을 수 없는 사건이라고 강조하였다(박영선, 《성령론》). 다시 말해 "믿고 침례(세례)를 받았을 때"(행 8:13)는 성령이 임했지만 '성도가 자각하지 못하거나 희미하게 인식하는 성령의 내적 역사' 상태이나 "두 사도가 저희에게 안수하매 성령을 받는지라"(행 8:17)에서 말하는 성령침례(세례)는 '다른 사람들뿐만 아니라 성도들 자신이 분명히 자각하고 느끼며 알 수 있는 성령의 충만한 역사'이기 때문에 두 가지는 별개의 것임을 말해주고 있는 것이다.

또한 바울이 에베소 교회를 방문했을 때 했던 질문을 통해서도 두 가지가 다르다는 것을 알 수 있다. 바울이 에베소 교인들에게 제일 먼저 물은 질문은 "너희가 믿을 때에 성령을 받았느냐?"(행 19:2)라는 것이었다.

그 당시 에베소 교회에는 학문이 많고 성경에 능한 자인 아볼로가 일찍 주의 도를 배워 열심히 예수에 관한 것을 자세히 말하며 가르치고 예수는 그리스도임을 증거하며 공중 앞에서 유대인들의 잘못을 바로 잡아주고 있었는데 성경은 아볼로는 요한의 침례(세례, 행 18:25)만 아는 사람이었다고 말하고 있다. 즉, 성령의 침례를 알지 못하였던 사람이라는 것이다. 그렇기 때문에 바울은 에베소 교인들을 향해 너희가 믿을 때에 성령을 받았느냐? 라고 물었던 것이다. 만약 오늘날 우리가 믿을 때 그냥 성령침례를 받는다면 무엇 때문에 바울이 구태여 이런 질문을 했겠는가? 바울의 말을 볼 때, 이미 믿은 자라 할지라도 성령의 충만함을 위해 기도해야 함을 알 수 있다(조용기, 『성령론』).

초대 교회 성도들을 보면 예수님을 구주로 믿고 구원을 받았으나 성령침례(세례) 체험을 갖지 못한 사람들은 믿고 난 후에 성령을 받기 위하여 간절히 기도했고, 또 전심으로 기도할 때 성령침례(세례)를 받았던 것을 볼 수 있다. 에베소 교회의 경우를 보더라도 성령을 받기 전의 상태는 연약한 교회였으나 바울의 안수를 통하여 성령을 충만히 받고 난 이후에는 놀라운 생명력과 위로부터 입히운 권능이 나타나 얼마 지나지 않아 전 소 아시아에 하나님의 말씀이 점점 왕성하여 제자의 수가 더 심히 많아지고 허다한 제사장의 무리도 이 도에 복종하게 되었다.

이와 같은 사실을 볼 때 거듭남과 성령침례(세례)는 확연히 다른 두 가지의 체험이라는 것을 알고도 남음이 있는 것이다. 다시 한 번 정리하면 거듭남은 말씀과 성령으로 그리스도의 몸에 접붙임을 받고 예수님의 생명을 받아들이는 체험이지만 성령침례(세례)는 예수님께서 성도들에게 권능을 충만히 채우시는 체험이다. 거듭남은 영생(영원한 생명)을 얻는 체험이요, 성령침례(세례)는 거듭난 성도가 하나님의 권능을 받아 그리스도의 능력 있는 증거자가 되는 것이다.

하용조 목사는 "오순절 날 나타난 성령의 세례는 물로 주는 세례가 아니고 성령께서 인 치시는 세례였다"고 말하면서, "이 성령세례는 구원받은 자가 하나님의 능력을 받는 세례로서 보통 물세례와 구별하여 '불세례'라는 표현을 쓰기도 한다"고 하였다. 그렇기에 이 성령세례를 받아야만 사랑할 수 있고, 용서할 수 있고, 죄를 안 짓게 될 수 있으며, 전도할 수 있으며, 포기할 수 있다고 하였다(하용조, 『성령 받은 사람들』).

그러므로 거듭남은 새로운 예수님의 생명을 얻기 위하여 필히 체험해야 하고 성령침례(세례)는 하나님의 사역을 행하는데 있어서 예수님의 놀라운 사명적 권능을 얻기 위하여 성도들이 반드시 갈망해야만 하는 것이다.

"봉사의 능력을 위한 성령침례(세례)"를 강조하여 한국교회에 큰 영향을 끼친 로이드 존스D. M. Loyd-Jones는 성령세례의 주된 목적이 성도들로 하여금 권능과 담대함을 가지고 복음을 증거 하게 하는데 성령의 세례를 받는 사람은 하나님이 나를 사랑하시며 또 내가 하나님의 자녀라는 절대적인 확신을 갖게 된다고 했다.

그러므로 오늘날 교회들이 옛 에베소 교회처럼 거대한 불신의 사회 속에 둘러싸여 무기력하고 병들어 생명의 약동을 느낄 수 없으며 예루살렘과 온 유대와 사마리아와 땅 끝까지 복음을 증거 하라는 지상명령을 이행하지 못하는 이유는 그들이 거듭나지 못했기 때문이 아니라 그들이 사역의 권능인 성령의 충만함을 받지 못했기 때문이다. "성령침례(세례)에 의한 권능"(행 1:8)이 없이는 어제나 오늘의 세계에서 교회는 결코 자기의 세대를 복음화 하는 능력을 나타낼 수가 없다.

그러므로 모든 성도들은 성령의 충만함이 없이는 복음을 위한 권능의 삶을 살 수는 없다는 사실을 깊이 인식하여 믿을 때 이미 성령침례(세례)를 받았다는 어리석은 생각을 단호히 버리고 성경이 분명히 가르치고 또 "명령하고"(행 1:4-5)있는 "성령의 충만"(행 2:4)을 받아야만 하며 "성령의 충만을 간절히 갈망"(행 4:8, 행 4:31)해야만 한다.

4. 성령의 은사(고전 12:4-11 ; 롬 12:6-8 ; 엡 4:11)

우리가 예수님을 구주로 영접하면 성령이 임해 자녀가 되지만 하나님의 일꾼으로 쓰임 받고 맡겨진 사명을 수행하기 위해서는 성령의 충만을 받아야 한다. 성경은 성령의 충만을 받으면 "지혜의 말씀의 은사, 지식의 말씀의 은사, 믿음의 은사, 병 고치는 은사, 능력 행함의 은사, 예언의 은사, 영들 분별함의 은사, 각종 방언의 은사, 방언들 통역의 은사"(고전 12:4-11)와 같은 '성령의 은사'가 나타난다고 말하고 있으며, 성령 충만을 강하게 받을수록 '성령의 은사가 강하게' 나타난다.

예수님도 '성령의 충만함'으로 '은사가 충만'하셨다. 예수님의 '영들 분별의 은사'(마 16:16-23), '지혜의 말씀의 은사'(마 22:15-22), '지식의 말씀의 은사'(요 4:16-19), '병 고치는 은사'(마 4:23), '능력 행함의 은사'(요 11:38-44)는 성령의 은사에 의한 '성령의 나타남'이었다. 또 바울 사도도 "내 말과 내 전도함이 지혜의 권하는 말로 하지 아니하고 다만 '성령의 나타남'과 능력으로 하여"(고전 2:4)라고 말한 것처럼 바울 사도는 사역할 때 '성령의 나타남'에 의한 '성령의 은사'로 말하고 전도했음을 우리에게 가르쳐 주고 있기에 우리는 성령의 은사에 대해 분명하게 알아야 하고 성령의 은사를 사모해야만 한다.

그래서 우리는 성령의 은사들을 좀 더 자세히 알아볼 필요가 있다. 고린도전서 12장 4절로 11절에 기록한 성령의 9가지 은사는 계시의 은사(지혜의 말씀의 은사, 지식의 말씀의 은사, 영들 분별의 은사), 발성의 은사(방언의 은사, 방언 통역의 은사, 예언의 은사), 권능의 은사(믿음의 은사, 병 고치는 은사, 능력 행함의 은사)로 구분 되는데 이 은사들을 고린도전서 12장에 기록된 순서대로 좀 더 자세히 살펴보도록 하자.

1) 지혜의 말씀의 은사

"어떤 이에게는 성령으로 말미암아 '지혜의 말씀'을…" (고전 12:8)

사람이 아무리 공부를 많이 하여 풍부한 지식을 가지고 있을지라도 지혜가 부족하면 그 지식을 사용할 수 없게 된다. 지혜는 지식을 사용하고 활용하여 문제를 해결하고 축복과 승리를 가져오는 기능으로 하나님의 무한한 '마음이라는 거룩한 보고'에서 시공을 초월한 귀중한 열매를 맺게 하는 것이다. 그런데 본문에서는 그냥 지혜라고 하지 않고 '지혜의 말씀'이라는 표현을 썼다.

지혜는 4가지로 구분될 수 있는데 첫째는 정상적인 인간의 지혜이다. 이는 자연인으로서 인간이 구사할 수 있는 지식 또는 분별력으로서 그것이 바르게 사용될 경우에는 인류의 발전에 크게 기여할 수 있다. 그러나 그것은 또한 인간의 교만심을 조장하는 역할을 하기도 한다. 그래서 성경은 "내가 지혜 있는 자들의 지혜를 멸하고 총명한 자들의 총명을 폐하리라" (고전 1:19)고 했다. 둘째는 이 타락된 세상에 속한 초자연적인 지혜인데 이는 금단의 열매가 지혜롭게 할 만큼 탐스럽게 보였으므로 여자로 하여금 그것을 따먹게 했던 최초의 유혹의 기초를 이루고 있던 것(창 3:6)으로 마귀에게 속한 지혜라고 할 수 있다. 셋째는 영적인 지혜인데 이는 잠언서등을 통해 우리가 접할 수 있는 지혜의 형태로 우리는 마땅히 이러한 종류의 지혜를 얻기 위해 노력해야 한다. 성경은

"그리스도는 하나님의 능력이요 하나님의 지혜니라"(고전 1:24)라는 말씀을 통해 하나님의 지혜는 바로 그리스도 자신이심을 밝히 말하고 있다. 즉, 참 하나님과 예수 그리스도를 더욱 알아갈 때 이 영적인 지혜를 얻게 된다. 마지막으로 넷째가 바로 지혜의 말씀이다. 이는 우리로 하여금 일정한 상황에 대처하거나 일정한 문제를 해결할 수 있게 하기 위하여 또는 일정한 지식(자연적이든 초자연적이든)을 활용할 수 있게 하기 위하여 하나님께서 돌연히 베풀어 주시는 기적적인 지혜로 "성령 충만한 사람에게 임하는 성령의 은사"이다.

성령의 은사로서 '지혜의 말씀'은 오직 하나님의 영인 성령의 초자연적인 기적으로 하나님의 지혜가 성도에게 주어짐으로 그 지혜를 통해 어려운 환경이나 일을 처리하여 문제를 놀랍게 해결함으로 하나님께 영광을 돌리게 됨을 말하는 것이다. 만일 성경이 단지 지혜의 은사라고 했다면 그것은 항상 주어진 만능의 지혜를 말하는 것이 되고 말 것이다. 그러나 성경은 '지혜의 말씀'의 은사로 가르치고 있다. 그 이유는 하나님께서는 우리들을 통하여 초자연적인 지혜를 나타내어 문제를 해결하시되 항상 만능의 지혜를 인간이 마음대로 사용하도록 주시는 것이 아니라 그때그때의 시간과 장소를 좇아 하나님의 영광과 복음의 능력을 위하여 나타내시는 '지혜의 말씀'을 말하는 것이기 때문이다.

'지혜의 말씀'의 은사는 예수님의 생애를 통하여 우리에게 수없이 분명히 보여지고 있는데 요한복음 8장에 보면 서기관들과 바리새인들이 간음 중에 잡힌 여자를 끌고 와서 예수님을 시험하고자 한다. 그들은 예수님께 "선생이여 이 여자가 간음하다가 현장에서 잡혔나이다. 모세는 율법에 이러한 여자를 돌로 치라 명하였거니와 선생은 어떻게 말하겠나이까"(요 8:4-5)라고 묻는다. 예수님을 진퇴유곡에 밀어 넣으려고 그들 나름의 계교를 짜낸 것이다.

예수님께서는 인간을 사랑하시고 인간에게 용서와 자유를 주시기 위해서 오신 것을 잘 알고 있었기 때문에 예수님께서 자진하여 그 여자를 돌로 치시라는 것은 그리스도의 사랑에 어긋나는 일이요, 또 그렇다고 해서 공공연히 간음하다가 잡힌 여자를 모세의 십계명 중에 명령한 형벌을 내리지 못하게 함은 하나님의 법을 거역하는 자로 하나님께로부터 보내신 자가 아니라고 원수들이 소리 높여 공격할 자료를 주게 되는 것이다.

이때 예수님께서는 그들을 둘러보신 후에 "너희 중에 죄 없는 자가 먼저 돌로 치라"고 하신다. 그들은 이 말씀을 듣고 양심의 가책을 받아 어른으로 시작하여 젊은이까지 하나씩 하나씩 나가고 오직 예수와 그 가운데 섰는데 여자만 남았더라고 성경은 말하고 있다.

이와 같이 어려운 일에 봉착하였을 때 하늘의 섬광 같은 '지혜의 말씀'으로 말미암아 문제를 해결해 나갈 수 있는 것이(눅 21:12-15; 마 22:15-22) 바로 성령의 은사이다. 오직 은사는 성령께서 갖고 계시면서 성도를 그릇삼아 시시때때로 나타내시는 것이다. 이

'지혜의 말씀'의 은사를 받은 사람에게는 일정한 상황에 대한 '하나님의 관점인 영적인 계시'가 주어진다. 이 영적 계시는 마음의 눈에 비친 그림이나 단어, '내적인 청각'으로 듣는 음성 등 다양한 형태를 띨 수 있다. 절대주권자이신 하나님께서 깨어 있는 하나님의 사람들에게 자신의 뜻을 계시하여 주신다.

'지혜의 말씀'은 어려운 상황 속에서 어떻게 하면 건설적인 말을 할 수 있는가를 가르쳐 준다. 또한 '지혜의 말씀'은 사람들로 하여금 하나님을 경외하고 그분께 영광을 돌리게 만듬으로 그리스도인들은 예수님처럼 성령의 충만을 간절히 갈망하여 성령님으로부터 놀라운 '지혜의 말씀'을 받아 권능의 삶을 살아야 한다.

성경 말씀에 "너희 중에 누구든지 지혜가 부족하거든 모든 사람에게 후히 주시고 꾸짖지 아니하시는 하나님께 구하라 그리하면 주시리라"(약 1:5)고 했다. 그러므로 우리는 '하나님의 말씀에 의지하여' 기도하므로 하나님이 주시는 하나님의 지혜를 받아야 한다. "오직 위로부터 난 지혜"(약 3:17) 곧 '지혜의 말씀'을 사모해야 한다.

2) 지식의 말씀의 은사

"어떤 이에게는 같은 성령을 따라 '지식의 말씀'을…"(고전12:8)

'지식의 말씀'이란 어떠한 사람이나 상황에 관한 사실들이 초자연적인 방법으로 계시되는 것을 말한다. 그것은 인간의 노력에 의해 습득 되는 자연적인 지식이 아니라 하나님께서 자신의 뜻에 따라 인간에게 부여해 주시는 지식의 단편인 동시에 일정한 상황이나 사람에 관하여 성령님께서 우리에게 알려 주고자 하시는 진리를 드러내는 것을 말한다.

지식도 4가지 종류도 분류할 수 있는데 첫째는 자연적인 인간의 지식이다. 서양 문명이 지난 세기에 이룩해 놓은 놀라운 과학의 진보는 이러한 지식의 유용성을 증명하고도 남음이 있다. 그러나 이러한 지식은 단지 자연적으로 습득된 것으로서 영적인 분별을 거친 것이 아니다. 그 차이점에 관하여 바울 사도는 "육에 속한 사람은 하나님의 성령의 일을 받지 아니하나니 저에게는 미련하게 보임이요 또 깨닫지도 못하나니 이런 일은 영적으로라야 분변함이니라"(고전 2:14)고 말했다. 둘째는 이 타락한 세상에 속한 초자연적인 지식이다. 이는 성령을 통해서가 아니라 어떤 초자연적인 방법을 통해서 지식을 얻으려는 인간의 시도로서 마술 및 심령 적 형이상학적인 방법들을 포함한 것으로 사탄은 우리를 올무에 걸리게 하기 위하여 이런 방법을 사용하고 있음으로 하나님께서는 이를 엄격하게 금하고 계신다. 셋째는 진정한 영적인 지식이다. 이는 우리가 예수 그리스도를 통해 하나님과의 인격적인 관계를 맺게 됨으로써 얻게 되는 지식으로서(요 17:3) 기도 및 성경공부를 통해 증진시킬 수 있다. 넷째는 지식의 말씀이다. 이는 성령으로부터 그리고 성령을 통해서 우리의 영에 은사로 주어지는 것으로 서로의 유익을 위해서 우리에게 계시되는 것이다.

지혜의 말씀의 은사와 마찬가지로 성경은 지식의 은사라고 하지 않고 '지식의 말씀'은사로 가르치고 있다. '지식의 은사'라고 한다면 그 안에는 하나님의 모든 지식을 포함하기 때문이다. 그러나 "지식의 말씀"이라고 할 때는 모든 것을 아시는 하나님의 지식 중에 하나님께서 사람에게 알려주시기를 원하시는 부분적인 말씀만 계시해 주시는 것을 말한다. 지식이란 문자 그대로 사물에 관하여 그 참된 모습을 깨달아 그 진상을 아는 것을 말하는 것이다. 그러므로 '지식의 말씀'의 은사를 받았다고 전지전능하신 하나님의 지식을 온통 받은 것은 아니다.

성령의 은사로 나타나는 '지식의 말씀' 은사는 인위적으로 공부하고 연구하여 축적하는 지식이 아니라 오직 성령의 영감으로 위로부터 하나님의 특별하신 뜻에 의하여 '그때 그 장소에서 하나님의 영광을 위하여 필요한 감추어진 사물에 대한 실상이 깨달아져'서 문제가 해결되고 하나님의 영광이 나타나게 되는 지식을 말하는 것이다. 그러므로 이와 같은 '지식의 말씀'의 계시는 하나님의 전지를 다 소유하는 것이 아니며 또한 많은 연구를 통하여 그 결과로 얻게 되는 지식도 아니다.

즉, '지식의 말씀'의 은사는 우리의 환경 중에 우리가 알지 못하는 여려가지 사건이 일어나는 중 하나님의 나라와 그리스도의 복음을 위하여 하나님의 자녀에게 반드시 알려야만 할 일이 있을 때 하나님께서는 그 부분적인 지식을 성령을 통하여 혹은 묵시로 또는 꿈이나 환상을 통하여 성도에게 알려주시는 것이다. 이는 사람을 통하거나 사람의 노력을 통하지 않고 '성령의 계시'로 말미암아 초자연적인 방법으로 주어지는 지식을 말한다.

성경에는 이와 같이 초자연적으로 성령께서 계시해주신 '지식의 말씀'의 은사에 관한 사건이 많이 기록되어 있는데 여호수아가 견고한 성 여리고를 무너뜨리고 난 후, 훨씬 작은 아이 성을 단번에 침공하려고 했다가 비참하게 패한 사건(수 7:1-26)이 있다.

호수아가 기도했을 때 저녁에 하나님의 계시가 임하여 여리고에서 물건을 훔친 자가 있으므로 하나님께서 아이 성을 칠 때 함께 하시지 않았고 그 결과 이스라엘이 적군에게 패하게 되었음을 알게 된다. 그뿐 아니라 여호수아는 계속해서 성령의 계시를 통하여 그 일을 행한 자가 바로 유다 지파의 아간이라는 것도 알게 되었다.

이와 같은 지식은 인간적인 연구를 통하여 노력해서 얻은 지식이 아니고 또 어떤 사람들이 비밀히 알려줘서 그 정보를 통하여 얻은 지식도 아니다. 오직 성령님이 계시한 '지식의 말씀'으로 인한 것이다.

'지식의 말씀'은사는 예수님의 사역에도 많이 나타나는데 성전세를 내야 할 상황에 처하신 예수님께서 베드로에게 바다에 가서 낚시질을 해서 돈을 구해 오라고 명하시면서 "네가 바다에 가서 낚시를 던져 먼저 오르는 고기를 가져 입을 열면 돈 한 세겔을 얻을 것이니 가져다가 나와 너를 위하여 주라"(마 17:27)라고 하신다.

예수님께서는 베드로가 고기를 잡게 될 것을 알고 계셨고 그가 어떤 고기를 취하여 입을 열어야 할지를 알고 계셨으며 또한 그가 어떤 종류의 돈을 거기서 얻게 될지를 알고 계셨다. 성경에 나타나 있는 '지식의 말씀'의 무수히 많은 사례들을 다 열거할 수 없지만 이와 같이 '지식의 말씀'의 은사는 성령 충만 할 때 성령님께서 때를 따라 '지식의 말씀'의 은사로 하나님의 주권적 역사를 나타내심으로 나타나는 은사이다.

3) 믿음의 은사

"다른 이에게는 같은 성령으로 믿음을"(고전 12:9)

'성령의 은사로서의 믿음'은 우리를 구원해 주시는 하나님께 대한 믿음과 마찬가지로 하나님께서 자신의 주권으로 우리에게 베풀어 주시는 것이다. 데이비드 핏체스David Pytches는 "믿음의 은사는 어떤 사람이 어떤 특정한 상황이나 필요에 처했을 때 그 사람 안에서 하나님의 성령에 의한 초자연적인 확신이 파도처럼 밀려와서 하나님이 어떻게 하실 것이라는 이성을 초월하는 확신을 가지게 된다."라고 정의했다. 피터 와그너C. Peter Wagner는 "믿음의 은사는 하나님이 그리스도의 몸에 속한 어떤 사람들에게 하나님 사역의 미래에 대한 하나님의 뜻과 목적을 이루시려고 특별한 확신을 갖게 하는 특별한 능력이다."라고 했다.

이처럼 믿음의 은사는 어떤 주어진 상황이나 사역을 이루시기 위해 상황을 초월하여 하나님께서 반드시 이루실 것이라는 실제로 성취하실 때까지 믿는 끝없는 확신이다. 마치 아브라함이 100세나 되어 자식을 기대할 수 없음에도 끝까지 약속하신 말씀을 믿음으로 응답 받은 것과 같다.

아브라함, 모세, 여호수아, 다윗 등 하나님의 은혜로 비범한 일을 행했던 사람들 모두가 믿음의 은사를 받은 사람들이었다. 내 힘을 믿는 것이 아니라 하나님의 능력을 믿기에 일당백 일당만 그 이상의 힘을 발휘하는 것이 바로 '믿음의 은사'이다.

믿음은 4종류의 믿음으로 분류할 수 있는데 첫째는 '지식적인 동의로서의 믿음'이다. 귀신도 하나님이 계시다는 것은 믿지만 하나님을 자기 하나님과 구세주로 의지하지는 않는다(약 2:19-20). 머리로만 믿는 믿음 가지고는 구원 받을 수 없다. 둘째는 '구원을 얻는 믿음'이다. 이 믿음은 예수 그리스도가 어떤 분이신가를 알 뿐만 아니라 그분을 나의 개인적인 구세주로 받아들이고 신뢰하는 믿음을 말한다(요 20:31). 셋째는 '열매 맺는 믿음'이다. 갈 5장 22절과 23절에 나오는 성령의 열매와 같은 믿음으로 성령의 열매 중 충성은 헬라어 원문에는 '피스티스'πίστις, 믿음으로 기록되어 있다. 성령의 충만 받으면 누구나 이런 강한 믿음이 생겨난다. 그리고 넷째는 '은사로서의 믿음'이다. 성령 충만하다고 해서 다 이 은사를 받는 것은 아니다. 성령님께서는 특별한 일을 위해서 '믿음의 은사'를 주신다. 그로스만Grosman은 이 "믿음의 은사는 일정 시점에 하나님께서 개입해 주시리라는 초자연적인 지식 및 성령의 능력을 통해 그분의 개입을 초래할 수 있는 권세를 말하는 것이다." 라고 하였다.

성령으로 말미암아 주어진 '믿음의 은사'는 세상 사람들이 갖는 일반적인 믿음과는 차원이 다른 산 믿음으로 세상이 감당치 못하는 믿음이다. 즉, '은사로서 믿음'은 그 자체가 성령의 직접적이고 순간적인 역사로서 하나님의 믿음이 성도의 마음속에 부은 바 되어 통상적인 인간적 믿음으로는 상상할 수 없는 강렬하고도 확고한 믿음이 생겨나 큰 기적을 발생케 하는 것이다. 이 '믿음의 은사'도 성도가 항상 소유하는 것이 아니라 때와 장소를 따라 성령님께서 기뻐하시는 대로 성도를 통하여 나타나게 하신다. 그리고 성령께서 어떤 특정한 성도를 택하셔서 이 은사를 집중적으로 나타내실 때 그 사람은 '믿음의 은사'를 받은 사람이라고 일컬어진다.

주님께서 제자들에게 "내가 진실로 너희에게 이르노니 누구든지 이 산더러 들리어 바다에 던지우라 하면 그 말하는 것이 이룰 줄 믿고 마음에 의심치 아니하면 그대로 되리라"(막 11:23)고 하셨을 때 말씀하신 믿음이 바로 '은사적 믿음'이다.

미국에서 가장 영향력 있는 교회로 꼽히는 시카고의 윌로우크릭 커뮤니티 교회 담임 빌 하이벨스 목사는 교회개척 당시 기도하는 중에, "하나님은 우리의 믿음의 크기에 제한을 받으신다. 안 되는 것은 내 믿음이 안 되는 것이지 하나님이 안 되는 것이 아니다. 환경이 안 되는 것이 아니다. 문제는 믿음이다."라는 깨달음을 얻었다고 한다. 이것을 깨달은 후부터 그는 하나님께 '믿음의 은사'를 간절히 구했고 '믿음의 은사'를 받은 후 그의 교회에 큰 부흥의 역사가 일어났다고 한다.

'믿음의 은사'는 다양한 동기로 일어난다. '어떤 상황에서 갑자기 성경의 말씀이 믿어지면서 기적'이 나타나기도 하고, 혹은 기적적인 믿음은 모르겠는데 '하나님의 말씀의 위대함'을 끝까지 믿음으로 붙들고 고집하다가 기적을 맛보기도 한다. 알고 보면 이것도 큰 믿음이다. 혹은 기도를 통해서도 믿음의 은사가 임하기도 하고, 요셉과 같이 하나님이 주신 꿈이 오랜 세월을 거치면서 이루어지기도 한다. 혹은 갑작스럽게 임하기도 하고 반대로 오랜 세월에 걸쳐 주시기도 한다. 바랄 수 없는 중에 바라고 믿은 아브라함의 믿음(롬 4:18-20)이 바로 이런 것이다. 자나 깨나 그 생각이 나를 떠나지 않고 그것이 나의 기도가 되고 소원이 되었던 것이 어느 날 '믿음의 은사'로 내 가슴에 확 와 닿는 것이다.

믿음의 은사는 어떤 특정한 상황과 위기를 해결하기 위해 주어지는 경우가 많다. 그래서 내가 어떤 기적을 체험했다고 해서 항상 그런 기적이 임하는 것은 아니다. 문제는 하나님과의 관계다. 항상 하나님과 좋은 관계를 이루고 있는 사람은 필요할 때는 언제나 성령님께서 굳건한 '믿음의 은사'를 주신다.

4) 병 고치는 은사

"어떤 이에게는 한 성령으로 병 고치는 은사를" (고전 12:9)

'병 고치는 은사'는 사람들을 통해 전달되는 것으로서 질병이나 허약함을 초자연적인 방식으로 낫게 함으로써 사람들로 하여금 하나님께 영광을 돌리게 하는 하나님의 절대주권의 역사다.

데이비드 핏체스David Pytches는 "이 은사들은 질병이나 연약함을 초자연적으로 치유함으로써 하나님께 영광을 돌리기 위해 사람을 통해서 나타나는 은사"라 하였고, 바디 클린턴Bobby Clinton은 "신유의 은사는 이 은사를 가진 사람이 안수, 기도, 명령 또는 이것들을 종합하는 방법으로 사람들의 육체적인 질병을 초자연적으로 고치는 능력을 말한다."고 했다. 즉 성령께서 신유 은사 받은 자를 통해서 초자연적으로 치료하시는 은사가 바로 신유의 은사다.

신유가 필요한 것은 하나님께서 사람의 연약함을 도우시고 불신자로 하여금 하나님의 하시는 일을 보고 믿게 하기 위함이다. 그 당시 믿지 않는 많은 사람들이 예수님을 따랐던 이유 중 하나는 예수님의 병 고치는 신유의 기적 때문이었다. 신앙과 병의 치료는 불가분의 관계에 있다. 성경말씀을 고찰해 볼 때 '병 고침'은 은사라기보다는 그리스도의 대속의 은혜 중에 포함된 복음의 핵심 진리임을 깨닫게 된다. 하나님의 말씀인 성경은 "너희가 너희 하나님 나 여호와의 말을 청종하고… 모든 질병의 하나도 너희에게 내리지 아니하리니 나는 너희를 치료하는 여호와임이니라"(출 15:26)고 기록해 치료하시는 하나님이심을 선포하고 계신다. 또한 다윗은 성령의 감동으로 예수님의 사역에 대해 "저가 네 모든 죄악을 사하시며 네 모든 병을 고치시며……네 청춘으로 독수리 같이 새롭게…"(시 103:3-5)하신다고 예언했고 예수님은 "모든 병과 모든 약한 것을"(마 4:23) 고치신다고 하시므로 우리의 육체적 병뿐만 아니라 영적인 병까지도 고치시는 분이심을 알려주고 있다.

이사야는 이사야서 53장에서 예수님의 대속에 관해 예언하면서, 예수님의 대속의 고난 중에는 질병의 대속도 포함되었음을 반복하여 강조하고 있다. 이사야서 53장에 기록된 "그는 실로 우리의 질고를 지고 우리의 슬픔(아픔)을 당하였거늘..."(사 53:4), "그가 채찍에 맞음으로 우리가 (병)나음을 입었도다"(사 53:5), "여호와께서 그로 상함을 받게 하시기를 원하사 질고를 당케 하셨은즉"(사 53:10)의 이 모든 예언은 제자들에 의해 예언의 참됨을 인정받았다.

구약의 마지막 책인 말라기서에는 예수 그리스도의 오심을 예언하여 기록하기를 "내 이름을 경외하는 너희에게는 의로운 해가 떠올라서 치료하는 광선을 발하리니"(말 4:2)라고 말함으로 예수 그리스도의 복음사역이 바로 영육 간에 치료하시는 일이 될 것을 보여주고 있는데 문자 그대로 예수님의 공생애는 치료하시는 생애였다. 예수님 사역의 삼분의 이가 병자를 치료하시는 일로 채워져 있었다.

마태는 예수님의 "병 고침"을 기록하면서 "저물매 사람들이 귀신 들린 자를 많이 데리고 예수께 오거늘 예수께서 말씀으로 귀신들을 쫓아내시고 병든 자를 다 고치시니 이는 선지자 이사야로 하신 말씀에 우리 연약한 것을 친히 담당하시고 병을 짊어지셨도다 함을 이루려 하심이더라"(마 8:16-17)라고 기록해 이사야서 53장 4절의 성취임을 분명히 증거 했다. 베드로도 예수님의 대속에 대해 "저가 채찍에 맞음으로 너희는 (병)나음을 얻었나니"(벧전 2:24)라고 기록해 병 고침은 예수님 대속 적 고난의 부분이라는 것을 잊지 않고 증거 하였다.

이 모든 일보다 더욱 확실한 것은 예수님께서 이 세상을 떠나 하늘로 올리우시기 직전에 제자들에게 주신 최후의 지상 명령 중에 "귀신을 좇아냄과 병 고침"이 복음 증거와 분리할 수 없음을 분명히 말씀하셨다는 것이다. "또 가라사대 너희는 온 천하에 다니며 만민에게 복음을…… 믿는 자들에게는 이런 표적이 따르리니……병든 사람에게 손을 얹은즉 "나으리라"(막 16:15-18)고 말씀하셨고 "제자들이 나가 두루 전파할새 주께서 함께 역사하사 그 따르는 표적으로 말씀을 확실히 증언하시니라"(막 16:20)고 말씀을 확증해 주셨다. 다시 강조하여 말하면 제자들이 믿음으로 병든 자에게 손을 얹어 기도할 때 예수님이 "성령으로 함께 역사하사 그 병 고침 받는 표적"으로 예수님의 말씀을 확실히 증거 해

주셨다는 말씀이다.

오늘날 많은 사람들이 신유사역을 예수님 시대나 사도시대에 국한된 사역으로 치부하고 과학이 발달된 현재에는 허무맹랑한 이야기로 여기곤 하는데 병 고침의 은사는 현재도 계속되고 있다. 세계적으로 알려진 신유 사역자 중에는 존 알렉산더 도위, 스미스 위글 스위스, 캐더린 쿨만, 오랄 로버트 등 기라성 같은 사역자들이 있으며 우리나라에도 세계적인 치유 사역자였던 김익두 목사님을 비롯해 현신애 권사, 조용기 목사, 손기철 장로 등 수많은 치유사역자가 있어 시대마다 '하나님과 말씀의 위대함'을 증거 하므로 하나님께 영광을 나타내고 있다.

저자 또한 1984년도에 '성령의 침례(세례)'를 받은 후부터 '병 고치는 은사'가 강하게 나타나기 시작했는데 아무 외적인 근거도 없이 환자의 병이 낫겠다는 '믿음의 은사'로서의 확신이 생겨 언제까지 병이 낫는다는 말을 선포하면 치유의 역사가 일어나고, 아기를 낳지 못해 기도하는 성도들에게 안수하면 아이가 잉태되는 놀라운 역사를 체험하였다.

의학에도 외과와 내과가 있듯이 치유 사역에도 외과적 치유가 강한 사람이 있고 내과적 치유가 강한 사람이 있는데 저자가 치유한 사람들을 보면 췌장암, 간암, 뇌종암, 자녀 임신, 자궁의 혹, 축농증, 심장질환계통, 위장질환, 폐질환 등 내과적 치유는 많은데 외과적 치유는 많지 않았다.

병 고침의 은사가 나타날 때는 우선 마음에 병이 낫겠다는 믿음이 생겼다. 어떤 때는 기도할 때 간절해져 마음이 뜨거워지기도 하고 다른 경우에는 손이 무겁거나 뜨거워지기도 하고 손이나 몸에서 능력이 나가는 것을 느낄 때도 있었다. 손이 전기처럼 찌릿찌릿하거나 나도 모르게 손이 질병 부위로 가서 안수하는 경우도 있었다. 특별한 경우는 병자의 통증이 내게 느껴지기도 했고 어떤 경우는 아무 느낌도 없이 기도만 했는데 낫기도 했다. 베드로처럼 "예수 이름의 권세"(행 3:6)로 담대하게 명했을 때 하나님께서 온전히 역사하셨다. 가장 중요한 것은 '병든 자들에 대한 긍휼의 마음'이 생긴다는 것이다. "예수께서 나오사 큰 무리를 보시고 불쌍히 여기사 그 중에 있는 병인을 고쳐 주시니라"(마 14:14)라고 하신 것처럼 치유사역을 할 때는 언제나 사탄에 눌려 있는 '영혼에 대한 불쌍한 마음'이 생겨났다.

사복음서의 예수님의 기적을 일으키는 능력사역을 보면 언제나 '긍휼히 여기사, 민망히 여기사, 불쌍히 여기사'와 같은 말씀들이 항상 있은 후에 그런 기적 같은 능력이 나타남을 보게 된다. 예수님은 언제나 병을 고쳐주고, 아픈 마음의 상처들을 치유해 주고, 필요를 채워주고 싶은 '하나님 아버지의 마음'을 품고 사역하셨다.

'마음'이 크고 강하고 뜨거우면 그 마음은 행동으로 나타나고 '믿음'이 크고 강하고 뜨거우면 순종으로 나타나듯 '긍휼'의 마음이 크고 강하고 뜨기우면 하나님의 기적은 이루어진다. '믿음의 은사'(믿음의 기도)와 '사랑의 은사'(긍휼히 여기는 마음)와 예수 그리스도의 이름의 권세가 하나가 될 때 하나님은 성령으로 충만한 하나님의 사람을 통해 기적을 이루신다.

저자의 사역을 통해 볼 때, 치유의 능력이 강하게 임할 때 나타나는 현상들로는 환자에 대한 불쌍한 마음과 긍휼히 여기는 마음이 강하게 임하고, 성령의 기름부음으로 돌연히 손에 능력이 부어지는 듯한 느낌이 오고, 치유의 역사가 일어나리라는 믿음이 불일 듯 일어나기도 했다. 또한 전혀 생각지도 않았던 지식의 말씀이나 지혜의 말씀이 입 밖으로 나도 모르게 나오거나, 특히 방언의 기도가 유창하게 나오는 경우가 많고 손이 뜨거워지거나 태산이라도 밀면 무너질 것 같은 큰 힘을 느끼거나 내 손위에 주님의 손이 얹어 있는 강한 느낌을 받을 때가 많았다.

병을 고침 받은 사람들에게 안수 받았을 때의 현상에 대해 물어보면 몸이 뜨거워지거나 차가워지는 듯한 느낌을 받는 경우가 많았는데 몸이 차가워지는 듯한 경우는 귀신이 쫓겨 나고 있다는 징표인 경우이다. 또 눈까풀이 떨리는 현상이나 온 몸에 전류가 흐르는 듯한 느낌을 받기도 했다고 한다. 한없이 평온한 느낌을 얻거나 하염없이 눈물이 나오는 현상도 있었으며 성령의 능력에 의해 고꾸라지는 현상도 있었다.

이러한 현상들은 모든 사람에게 동일하게 나타나는 것이 아니라 각각의 차이를 보인다. 하지만 우리가 분명히 깊이 자각해야 할 것은 우리의 어떤 느낌이 중요한 것이 아니고 우리에게 아무런 느낌이 없어도 '성경의 권위 및 그 말씀에 대한 순종'을 통해 치유의 역사가 일어남을 확신하고 담대히 '영혼을 사랑하는 마음'과 '하나님과 말씀의 위대함'을 확신함으로 사역에 임할 때 병 고침의 사역자로 쓰임을 받을 수 있게 될 것이다.

5) 능력 행함의 은사

"어떤 이에게는 능력 행함을" (고전 12:10)

'능력 행함'이란 다른 말로 말하면 '기적을 행하는 능'을 말하는 것이다. 기적이란 우리가 일반적으로 아는 자연법칙을 뛰어넘어 하나님께서 직접 관여하심으로 상상 이상의 놀라운 일이 이루어질 때를 말하는데 일시적으로 통상적 자연 법칙을 중지하고 초자연적 신적 능력이 개입 되는 것이다. 성경에는 이와 같은 기적을 수없이 기록해 놓았다.

구약 성경 39권 어느 책에서나 기적을 볼 수 있다. 여호수아 10장 12절에서 14절에 여호수아가 이스라엘 백성들을 이끌고 가나안으로 들어 갈 때 아모리 사람들과 전쟁을 하게 되는데 치열한 전쟁이 계속 될 때 날이 기울기 시작했다. 밤이 오면 전쟁을 승리로 종결지을 수가 없었기 때문에 이스라엘이 그 전쟁을 승리로 이끌기 위해서는 시간이 필요하였다. 그는 소리 높여 "태양아, 너는 기브온 위에 머무르라. 달아 너도 아얄론 골짜기에 그리 할찌어다."라고 외쳤다. 인간적으로 생각할 때 이 얼마나 어리석은 외침

인가? 그러나 성경은 그 결과를 이렇게 증거하고 있다. "태양이 머물고 달이 그치기를 백성이 그 대적에게 원수를 갚도록 하였느니라 야살의 책에 기록되기를 태양이 중천에 머물러서 거의 종일토록 속히 내려가지 아니하였다 하지 아니하였느냐"(수 10:13). 이것이야말로 하나님께서 자연법칙을 중지시키고 하나님의 신적 섭리를 나타낸 대표적인 기적이다.

신약성경에서도 성령의 '능력(기적) 행함의 은사'가 나타난 예는 셀 수 없이 많이 있다. 예수님께서 오병이어의 기적을 행하신 것이나 물을 포도주로 변하게 하셨던 것이나 밤이 맞도록 수고했으나 얻은 것이 없는 베드로에게 깊은 곳에 그물을 던지라고 하여 순종하였을 때 만선의 축복을 경험케 한 것 등은 다 '능력(기적)행함'의 은사였다.

이렇듯 표적과 기사는 하나님의 나라를 확장시키려는 하나님의 계획안에 포함되어 있는 것으로 하나님 나라에 관해 말씀을 전파할 때 표적과 기사가 나타남으로 하나님의 능력과 하나님의 말씀에 위대함을 확증해 주셨다. '능력(기적)행함'은 하나님의 이름과 복음의 정당성을 입증해 주며 기적을 목격하는 사람들로부터 경외감을 불러일으킨다.

6) 예언의 은사

"어떤 이에게는 예언함을…"(고전 12:10)

예언이라고 말하면 문자 그대로 우리의 미래에 관한 하나님의 계시의 말씀이다. '예언의 은사'를 이해하기 위해 몇몇 학자들의 설명을 살펴보면 데이비드 피체스David Pytches와 웨인 그루뎀이라는 학자는 "예언은사는 우리 마음(또는 생각)에 하나님이 즉흥적으로 주시는 것을 사람의 언어로 전달하는 것이다."라고 했다. 피터 와그너C. Peter Wagner와 바디 클린턴Bobby Clinton은 "예언의 은사는 신적인 기름부음을 받은 언어로 하나님이 즉각적으로 주시는 메시지를 받아서 전달하기 위하여 하나님이 그리스도의 몸에 속한 어떤 사람들에게 주신 특별한 능력이다."라고 했다.

성경은 모든 그리스도인들이 이 은사를 받기를 간절히 사모해야 한다고(고전 14:1) 했는데 '예언의 은사'를 받기를 갈망하는 사람은 의지적으로 주님과의 친밀하고 올바르며 개방된 관계를 유지하려고 노력해야 한다. 예언의 메시지 배후에 있는 초자연적 계시는 성경말씀에 대한 묵상, 환상(행 18:9), 꿈(마 2:13), 음성 또는 천사의 방문 등을 통해 기도하는 사람에게 찾아온다. 특히 이 '예언의 은사'(성령의 충만함에 의한 성령의 나타남)는 기도와 찬양 가운데 받게 되는 경우가 많다(행 13:2).

예언의 은사가 임하면 우리의 마음속에 '성령께서 인을 쳐주시는 어떠한 감각'을 느끼게 된다. 예를 들면 입이 마르거나 얼얼해진다거나 하나님께서 자기가 어떻게 말하기를 원하고 계시는가에 관하여 깨달음이 오기 시작하거나 단순히 말을 하여야 되겠다는 충동을 느낄 때도 있고 마음의 눈에 비친 그림을 보게 될 때도 있다. 성경은 수많은 예언의 말씀들을 기록하고 있는데 이것들은 하나님의 성령의 감동을 통하여 선지자들의 정확 무오한 기록을 통하여 우리들에게 전하여 준 말씀이다. 그래서 사도 베드로도 "예언은 언제든지 사람의 뜻으로 낸 것이 아니요, 오직 성령의 감동하심을 입은 사람들이 하나님께 받아 말한 것임이니라"(벧후 1:21)라고 기록하였다. 그렇기 때문에 신, 구약성서가 완성될 때까지 하나님께서는 특별하신 섭리를 통하셔서 하나님의 가르치심과 예언의 말씀에 조금도 오류가 없이 기록되도록 했다.

그러나 성경이 완성된 이후 오늘날에 와서 '성령의 은사로서 주어지는 예언'은 성경을 기록할 때 하나님께서 주신 예언과는 그 직책 면에서 차이가 있다. '성령의 은사로서 주어진 예언'의 가장 근본적인 목적은 미래에 대한 선지적 예언보다는 오히려 덕을 세우며 권면하며 안위하는 목회적 예언이라고 말하는 것이 좋을 것이다.

성경에는 이 사실에 관하여 분명하게 기록하고 있다. "그러나 예언하는 자는 사람에게 말하여 덕을 세우며 권면하며 안위하는 것이요…"(고전 14:3). 그렇다고 하여 오늘날 성령의 은사로서 나타나는 예언의 기능 중에 미래에 일어날 일에 관하여 말하는 것이 전혀 포함되어 있지 않다는 말은 아니다. 다만, 우리가 반드시 명심해야 할 것은 신, 구약성경이 완성된 후의 예언은 그 자체가 성경에 기록된 말씀과 결코 동등시 될 수는 없다는 것이다. 그렇기 때문에 오늘날 어떠한 예언의 은사를 받은 사람의 예언이라 할지라도 그 예언의 옳고 그릇됨은 반드시 기록된 성경의 말씀을 따라 분별되고 판단되어야지 인간적인 판단으로 옳고 그름을 따져서는 안 된다.

7) 영들 분별함의 은사

"어떤 이에게는 영들 분별함을"(고전 12:10)

영들 분별함의 은사는 성도들로 하여금 어떤 말이나 행동의 배후에서 역사하고 있는 영이 어떠한 것인가를 분별할 수 있도록 하나님의 주권에 의해 주어지는 초자연적인 감지능력을 말한다. 인간의 언행은 하나님의 성령에 지배 받는 경우, 마귀의 영에 지배 받는 경우, 인간의 영에 지배 받는 경우가 있는데 어떤 사람이 취하는 언행에 대한 진정한 영적인 근원은 그 사람의 언행에서 드러나기 마련이다. 그렇기 때문에 그리스도인이라면 누구나 성령을 통해서 그리고 그리스도의 참된 빛 가운데서 영들 분별함의 은사를 행할 수 있다. 하나님의 말씀으로 무장한 그리스도인이라면 누구든지 '선악을 분변'할 수 있는 법이다(히 5:14).

사도 요한은 "사랑하는 자들아 영을 다 믿지 말고 오직 영들이 하나님께 속하였나 시험하라 많은 거짓 선지자가 세상에 나왔음이니라"(요일 4:1)라고 말하며 영 분별의 중요함 기록하고 있다.

오늘날 같이 말세에 처한 때에는 예리한 영 분별의 은사가 없이는 미혹될 위험이 얼마든지 있다. 그래서 사도 바울 또한 "그러나 성령이 밝히 말씀하시기를 후일에 어떤 사람들이 믿음에서 떠나 미혹케 하는 영과 귀신의 가르침을 좇으리라"(딤전 4:1)고 하시며 악한 영들의 역사를 염려했다. 그러므로 교회에 미혹케 하는 영과 귀신의 가르침을 가지고 오는 자들을 신속히 분별하여 대적하지 않으면 연약한 양의 무리에게 크나큰 손상을 끼치게 된다.

영들 분별함의 은사도 다른 은사들과 마찬가지로 어떤 개인이 그것을 소유하여 언제나 마음대로 사용할 수 있는 것이 아니다. 이 은사도 성령님이 갖고 계시면서 필요를 따라 하나님께서 택하시는 그릇을 통하여 나타내시는 것이다. '영 분별의 은사'는 신, 구약성경의 여러 곳에서 활발히 증거 되고 있다.

예수님의 지상 사역 중에서도 '영 분별의 은사'를 사용하신 증거를 성경 여러 곳에서 볼 수 있는데 예수님께서 가이사라 빌립보 지방에서 제자들에게 "너희는 나를 누구라 하느냐"(마 16:15)고 물었을 때, 베드로는 조금도 서슴지 않고 "주는 그리스도시요 살아계신 하나님의 아들이시니이다"라는 고백을 한다. 이 놀라운 신앙의 고백에 예수님께서는 "바요나 시몬아 네가 복이 있도다 이를 네게 알게 한 이는 혈육이 아니요 하늘에 계신 내 아버지시니라"(마 16:17) 말씀하신다.

일반적인 사람의 생각과 눈으로 볼 때 베드로의 신앙고백은 베드로 자신의 생각과 믿음에서 나온 것이라고 말할 수 있는데 예수님께서는 베드로 자신의 생각이 아니라 하늘에 계신 하나님께서 성령으로 그 마음에 계시해 주신 것이라는 것을 분명히 분별하여 주셨다.

또한 예수님께서 장차 예루살렘에 올라가 … 많은 고난을 받고 죽임을 당하고 제 삼일에 살아나야 할 것을 제자들에게 가르치시니 베드로가 이 말씀을 듣고 예수님을 붙들고… "주여 그리 마옵소서 이 일이 결코 주에게 미치지 아니하리이다"(마 16:22)라고 말한다. 우리가 일반적으로 생각해 볼 때 베드로의 이 말은 베드로가 주님을 위하여 사랑과 충성에서 한 말이라고 생각된다. 그러나 주님께서는 우리들보다 더 깊은 '영들 분별의 은사'를 통해 베드로의 영혼 속을 꿰뚫어 보시고 "예수께서 베드로에게 사단아 내 뒤로 물러가라 너는 나를 넘어지게 하는 자로다 네가 하나님의 일을 생각지 아니하고 도리어 사람의 일을 생각하는도다"(마 16:23)라고 경고하신 것을 볼 수 있다.

우리가 보기에는 베드로의 충성어린 권면의 호소가 실제로는 사단의 배후조종이었다는 것을 알게 될 때 놀라지 않을 수 없으며 '영들 분별함의 은사'가 얼마나 절실히 필요한가를 다시 한 번 느끼게 된다.

마지막 때에는 거짓 선지자가 많이 일어나 사람들을 미혹한다 하였다. 우리는 이러한 때일수록 하나님의 말씀으로 무장하고 영을 분별할 수 있어야 한다. 미국의 영적부흥운동의 지도자인 조나

단 에드워즈는 요일 4장 1절을 본문으로 영분별의 원칙을 제시하였는데

예수 그리스도를 바로 증거하고 존경심을 갖게 하는가?

죄를 버리고 성결하게 하는 열매를 맺게 하는가?

성경을 귀중하게 여기고 진리에 뿌리박게 하는가?

성도를 진리로 이끄는가?

하나님과 사람을 사랑하게 하는 영인가? 를 확인함으로 영을 분별토록 했다. 우리는 항상 "영을 다 믿지 말고 오직 영들이 하나님께 속하였나 시험"(요일 4:1)하며 성령 사역에 참여하고 신앙을 발전시켜야만 할 것이다.

8) 방언의 은사

"다른 이에게는 각종 방언 말함을 ……" (고전 12:10)

발성을 통하여 나타나는 성령의 은사는 방언, 방언통역, 예언의 은사가 있다. 방언은 표적 방언과 은사 방언으로 나누어지는데 사도행전에 기록된 성령세례의 체험으로 나타난 방언은(행 2:4) 내적 성령 충만의 외적 증거로 나타난 방언이기 때문에 '표적 방언'이라고 한다. 반면 고린도전서 12장이나 14장에 기록된 방언은 본질적으로 성령의 나타남으로 주어진 면에서는 사도행전의 방언과 같으나 그 사용 목적은 사도행전의 방언과 다른 것으로 이

를 '은사 방언'이라고 표현 하고 있다. 방언을 이렇게 나누는 이유는 '표적 방언'과 '은사 방언'에는 차이가 있기 때문이다.

'표적의 방언'은 성령침례(세례)의 경험과 동시에 외적으로 나타난 내적 충만의 표적이므로 이는 성령침례(세례)와 관련되어 있다. 그렇기 때문에 표적 방언은 성령침례(세례)의 체험과 동시에 방언을 하는데 이것이 지속되지는 않는다. 물론 표적 방언과 동시에 그것을 은사로서 보유하는 경우도 아주 많이 있다. 사도행전에 기록된 이러한 방언 현상은 '성령께서 그들 중에 임하셨다'는 의심할 수 없는 증거를 보여주기 위해 나타난 현상이다.

반면 '은사 방언'은 성령 충만을 받은 후 신앙생활의 유익을 위하여 계속되는 방언을 말한다. 그래서 은사의 방언을 받은 사람은 언제나 그 당사자가 원하면 믿음으로 곧장 방언을 말할 수 있다. '방언의 은사'가 성도의 믿음을 향상시키는데 가져다주는 유익은 실로 대단히 많다. 우선 방언은 하나님과 깊은 영적 교통을 가능케 한다. 성경은 "방언을 말하는 자는 사람에게 하지 아니하고 하나님께 하나니 이는 알아듣는 자가 없고 그 영으로 비밀을 말함이니라"(고전 14:2)라고 한다. 즉, 방언은 하나님께 직접 말씀을 올리는 대화이며 또 영적 비밀을 말함으로 하나님께 대한 깊은 영적 계시와 '다른 은사들을 체험'할 수 있는 길을 열어 놓는 영적 통로가 된다.

또 방언은 개인 신앙의 향상을 가져온다. "방언을 말하는 자는 자기의 덕을 세우고…"(고전 14:4)라는 말씀에서 알 수 있듯이 예언이 듣는 대중의 덕을 세움과 같이 방언은 신자 개인의 신앙의 덕을 세운다고 말할 수 있다. '덕'이란 원어의 뜻은 집을 지을 때 벽돌을 한 장 두 장 쌓아 올리는 뜻을 갖고 있다. 그러므로 방언은 개인적인 신앙의 집을 높이 쌓아 올라가듯 영적 성장에 중요한 디딤돌 역할을 한다.

방언은 통역의 은사를 통하여 예언과 동일한 효과를 가져오기도 한다. "그러므로 방언을 말하는 자는 통역하기를 기도할지니" (고전 14:13)라 했다. 방언은 통역하는 은사를 통하여 그 내용을 알아들을 수 있는 말로 번역할 때, 듣는 사람들은 그 뜻을 알고 은혜를 받을 수 있게 되며 또 이를 통하여 살아계신 하나님이 함께 계심을 깨달아 신앙에 큰 힘을 얻게 된다. 성경은 "그러면 어떻게 할까 내가 영으로 기도하고 또 마음으로 기도하며 내가 영으로 찬미하고 또 마음으로 찬미하리라"(고전 14:15)라고 기록함으로 방언이 더 깊은 기도와 찬미의 도구가 됨을 알려주고 있다. 큰 감격이나 깊은 수심에 빠질 때나, 혹은 절망과 좌절로 인간의 말문이 막히고 기도조차 되지 않을 때 방언의 기도나 찬미는 인간의 언어로 표현할 수 없는 것들의 한계선을 넘어 자신의 상한 심령 상태를 하나님께 고할 수 있게 한다.

또 방언은 믿지 않는 자들을 위한 표적이다. "그러므로 방언은 믿는 자들을 위하지 않고 믿지 아니하는 자들을 위하는 표적이나 …."(고전 14:22) 오늘과 문명과 과학의 발달로 인해 "신은 죽었다"

고 외치는 현대주의 신 신학 앞에 성령으로 말미암아 나타나는 발성의 기적인 방언은 불신앙에 대한 도전이 된다.

고린도전서 14장에 기록된 것만 추려 보아도 방언의 유익은 너무나 커서 방언을 활용하는 방법에 있어서 질서와 덕을 세운다면 방언의 은사는 오늘날의 메마른 교회와 성도들의 가슴 속에 은혜의 강이 흐르게 할 수 있는 귀한 성령의 은사인 것이다.

모든 은사는 하나님의 주권 하에 주어지는 것으로 성령의 뜻에 따라 각 사람에게 나타나게 된다. 그래서 방언의 은사도 은사 체험자의 태도나 의지와 상관없이 강권적으로 임하기도 한다. 하지만 대부분의 은사는 은사 체험자의 태도와 밀접하게 연관되어 있다. 그러므로 방언을 체험하려고 하는 사람들은 열정적으로 방언을 사모해야 한다. 열정적으로 방언을 사모하려면 먼저 방언을 마음으로부터 인정해야 한다.

또, 혼자 기도하다가 방언을 체험하는 경우도 많지만 사도행전의 오순절 사건과 이후 사건 모두에서 방언의 은사는 성령의 은사를 갈망하는 가운데 성도들이 같이 모여서 기도할 때 많이 경험되었음을 볼 수 있다. 곧 방언을 체험하는 것은 우리가 방언에 대해서 어떤 태도를 취하고 있느냐에 깊이 관련되어 있으며 마음으로 인정하며 간절히 갈망할 때 하나님의 은혜로 주어지는 것이다. 혹 방언에 대해서 아직도 거부감이 있고, 방언을 하는 사람들을 신뢰할 수 없는 성도들의 경우에는 고린도전서 12장에서 14장을 읽는 그대로 읽고 믿으면서 기도하기를 권한다.

9) 방언 통역의 은사

"어떤 이에게는 방언들 통역함을 주시나니"(고전 12:10)

성경에는 "방언을 말하는 자는 사람에게 하지 아니하고 하나님께 하나니 이는 알아듣는 자가 없고 그 영으로 비밀을 말함이라"(고전 14:2)고 기록되어 있다. 그래서 성경에는 "방언을 말하는 자는 통역하기를 기도할지니"(고전 14:13)라고 말했다. 통역이란 말은 번역이란 말과는 틀리다. 번역은 외국어를 축자적으로 옮겨 놓는 것을 말하지만 통역이란 '외국어의 뜻'을 옮겨놓는 것을 말한다. 그러기 때문에 가끔 방언을 통역하는 것을 보면 방언은 짧았는데 통역은 길고 혹은 방언은 길었는데 통역은 짧을 때가 있는 것이다.

방언의 통역은 통역하는 그 사람의 신앙상태, 기도생활, 하나님과 영적 교통의 깊이 정도 등에 크게 좌우되는 것이다. 그뿐 아니라 어떤 때는 통역하는 사람의 개인적인 생각, 혹은 마귀의 훼방 등도 영향력을 미치기 때문에 주의해야 되고 방언 통역의 말씀은 예언과 함께 받아들여야만 한다.

다른 은사들과 마찬가지로 방언 통역의 은사도 성령의 기적적인 영감을 통하여 나타나는 은사다. 그러므로 사람이 마치 외국어를 알고 있을 때처럼 무슨 방언이든지 24시간 항상 통역할 수 있는 것은 아니다. 오직 하나님께서 통역의 영감을 허락하실 때만 가능한 것이다

5. 더욱 큰 성령의 은사를 간절히 사모하라(고전 12:31)

어떤 사람들은 "너희는 더욱 큰 은사를 사모하라 내가 또한 제일 좋은 길을 너희에게 보이리라"(고전 12:31)라는 구절을 인용하여 사랑이 최고의 은사이므로 사랑의 은사를 구할 것을 강조하면서 다른 능력 행하는 은사를 구하지 않는 것을 정당화한다. 더 좋은 사랑의 은사가 있는데 굳이 다른 능력 행하는 은사를 구할 필요가 있느냐는 것이다.

그러나 성경에서 사랑은 은사가 아니라 으뜸 되는 계명이자(마 22:37-40), 성령의 열매(갈 5:22)이다. 사도 바울은 고린도전서 12장 31절에서 "더욱 큰 은사를 사모할 것"을 강조한 후에 그것보다 더 중요한 것이 있는데 그것은 "사랑의 동기로 은사를 사모하라"는 것이다.

바로 다음에 나오는 고린도전서 13장 1절에서 3절이 이 주장을 뒷받침해 준다. 아무리 뛰어난 은사가 있더라도 사랑의 동기에 의해 사용하지 않으면 "소리 나는 구리와 울리는 꽹과리" 같이 "아무 것"도 아니고 "아무 유익"이 없다는 것이다.

하나님의 말씀인 성경은 성도들에게 성령이 역사하시고 성장시키는 일반적인 선물을 '은혜'로 표현했으며 사명을 위한 권능의 선물은 '은사'로 표현하고 있다. 하나님을 믿음으로 거듭난 우리는 하나님의 은혜로 성령을 받았다. 그러나 우리가 하나님의 자녀로서 믿음으로 성장해 하나님의 사명을 감당하기 위해서는 권능의 선물인 은사를 받기를 갈망해야 한다.

성경의 여러 부분에서 권능의 선물인 은사들을 기록하고 있는데 고린도전서 12장 7절부터 10절에서는 "지혜의 말씀, 지식의 말씀, 믿음, 병 고치는 은사, 능력 행함, 예언, 영들 분별, 방언, 방언 통역"에 대해 기록하고 있고, 고린도전서 12장 28절부터 31절에서는 "사도, 선지자, 교사, 능력을 행함, 병 고침, 서로 돕는 것, 다스리는 것, 방언, 방언 통역"에 대해 기록하고 있다. 또 로마서 12장 6절부터 8절에서는 "예언, 섬기는 일, 가르치는 일, 권위, 구제, 다스리는 일, 긍휼"에 대해 기록되어 있고, 에베소서 4장 11절에서는 "사도, 선지자, 복음 전하는 자, 목사, 교사"를 기록하고 있다.

이러한 성령의 은사를 그룹으로 분류하면 교육 은사(사도, 선지자, 목사, 교사, 복음 전하는 자, 지혜의 말씀, 지식의 말씀 - 7가지 은사), 능력 은사(믿음, 능력 행함, 병 고치는 은사 - 3가지 은사), 봉사 은사(서로 돕는 것, 다스리는 자, 섬김, 권위, 구제, 긍휼 베품 - 6가지 은사), 신비 은사(영 분별, 방언, 방언 통역, 예언 - 4가지 은사)로 구분할 수 있다. 그러므로 하나님이 내게 주신 은사가 무엇인지, 어떤 일에 나를 도구 삼아 사용하고자 하시는지, 또 내가 바라고 기대하는 은사는 무엇인지 생각해보고, 하나님이 내게 더 큰 은사 주시기를 갈망해야 한다.

성령의 은사가 주어지는 방법에는 몇 가지가 있는데 "내가 너희 보기를 심히 원하는 것은 무슨 신령한 은사를 너희에게 나눠주어 너희를 견고케 하려 함이니"(롬 1:11)라고 기록된 것처럼 먼저 은사를 체험한 자와 함께 교제할 때 성령의 은사를 주신다. 또 "너희는 더욱 큰 은사를 사모하라 내가 또한 제일 좋은 길을 너희에게 보이리라"(고전 12:31)고 말씀하신 것처럼 성령 충만을 간절히 사모할 때 선물로 주신다. 그리고 "너희도 우리를 위하여 간구함으로 도우라 이는 우리가 많은 사람의 기도로 얻은 은사를 인하여 많은 사람도 우리를 위하여 감사하게 하려 함이라"(고후 1:11)라고 하신 것처럼 많은 성도들이 함께 기도할 때 주어진다.

우리가 기도하지 않고 믿지 않고 사랑하지 않으면 우리 안에 거하시는 성령이 충만하게 임하지 않음으로 성령의 은사가 임할 수 없고, 성령의 나타남이 있을 수 없다. 이제 우리는 말씀의 충만을 사모하고, 성령의 충만을 사모하고, 하나님의 사명을 위한 권능의 선물인 은사의 충만을 사모해야 한다. 또 이미 받은 은사는 활용해야 한다.

은사는 받은 것으로 만족해선 안 되고 활용해야 한다. 활용하면 계속 발전하지만 활용하지 않으면 퇴화하게 된다. 사용하면 더 풍성해지고 강해지지만 훌륭한 은사가 주어졌어도 사용하지 않으면 녹이 슬고 마침내는 소멸되어 버린다. 그래서 찰스 스펄전 목사는 "만약 당신에게 어떤 은사가 주어졌다면 가능한 모든 방법을 동원하여 사용하라 간수하려거나 구두쇠처럼 아끼지 말라 마치 백만장자가 파산하기를 작정한 듯이 그렇게 아낌없이 쓰라"고 했다.

은사는 '우리 안에 계신 예수님'이 우리의 의심과 교만과 헛된 욕심의 자아를 깨뜨리고 우리의 입과 손과 믿음과 꿈을 도구 삼아 세상과 사람들에게 나타나는 예수님의 위대한 역사다. 그러기에 우리의 자아를 십자가에 못 박고 '우리 안에 계신 예수님'의 사랑과 능력이 드러나도록 성령의 은사에 의한 성령의 나타남을 갈망해야 한다.

6. 성령 충만을 받은 사람들의 삶

성령이 강하게(성령 충만) 임했던 기드온은 300명의 군대로 수십만의 미디안 군대를 물리치고 대승을 거두어 이스라엘을 구원했다. 성경은 "여호와의 신이 기드온에게 강림하시니"(삿 6:34)라고 기록하고 있다. 여호와의 신이 강림했다는 것은 성령이 강하게 임하였다는 말이며 성령이 충만하다는 뜻이다. 이는 성령에 사로잡혀, 성령에 의해 다스림을 받고, 성령에 의해 기도하고, 성령에 의해 생각하고, 성령에 의해 말하고, 성령에 의해 행동하는 성령의 나타남이다.

이렇게 성령이 충만한 상태에서는 우리 안에 임한 성령님(예수님)은 우리의 "영과 혼과 육"을 다스리시고 우리의 모든 것들(생각, 언행, 소유된 것들)을 도구 삼아 세상에 나타내사 성령님의 절대 주권으로 하나님의 위대한 역사를 이루신다. 기드온 역시 성령이 강하게 임하기 전 두려움에 사로잡혀 있고, 부정적인 생각들과 소극적인 자세를 보였었지만 성령 충만을 경험한 후에는 우상을 없애고, 300명의 군사만으로 수십만의 적군을 무찌르는 비범한 일을 성취하는 사람이 되었던 것이다.

예수님의 생애 전체는 성령님과 함께였다고 해도 과언이 아니다. 예수님은 "예수 그리스도의 나심은 이러하니라 그 모친 마리아가 요셉과 정혼하고 동거하기 전에 '성령'으로 잉태된 것이 나타났더니"(마 1:18)라고 기록되어 있듯이 성령으로 잉태되었던 분이다. 예수님이 침례를 받으실 때도 "성령"이 비둘기 같이 내렸으며(마 3:16), "성령의 충만함"을 입고 요단강에서 돌아오신 후에는 광야에서 사십일 동안 "성령"에게 이끌리셨다(눅 4:1).

수제자였던 사도 베드로는 예수님의 사역에 대해 말하기를 "하나님이 나사렛 예수에게 '성령과 능력'을 기름 붓듯 하셨으매 저가 두루 다니시며 착한 일을 행하시고 마귀에게 눌린 모든 자를 고치셨으니"(행 10:38)라고 했다. 그러니까 예수님이 예루살렘과 온 유대와 사마리아에 두루 다니시면서 착한 일을 하신 것도 '성령'의 능력이셨으며 마귀에 눌린 모든 자를 고치신 것도 '성령'의 능력을 힘입으신 것이었다고 말한 것이다.

예수님은 3년 반의 공생애 기간 동안 '성령'의 능력을 힘입어 사역하시면서 '성령'의 위대한 능력을 알고 확신하셨다. 그러기에 "그러하나 내가 너희에게 실상을 말하노니 내가 떠나가는 것이 너희에게 유익이라 내가 떠나가지 아니하면 보혜사(성령)가 너희에게로 오시지 아니할 것이요 가면 내가 그를 너희에게로 보내리니"(요 16:7)라고 기록된 것처럼 제자들의 유익을 위해 '성령'을 보내 주시기 위해 십자가를 지셨던 것이다. 또 예수님도 성령의 충만함이 있었기에 하나님의 뜻에 복종하여 자신을 십자가에 못 박음으로 온 인류의 구원을 온전히 이루실(요 19:30) 수 있었다. 이렇듯 예수님의 전 생애는 성령님과 함께 하시면서 성령의 충만하심으로 인해 나타나는 모든 성령의 역사들이 성취되었던 삶이었다.

예수님께서는 제자들에게 "나를 믿는 자는 나의 하는 일을 저도 할 것이요 또한 이보다 큰 것도 하리라"(요 14:12)라고 말씀하신 후에 바로 "너희가 나를 사랑하면 나의 계명을 지키리라 내가 아버지께 구하겠으니 그가 또 다른 보혜사를 너희에게 주사 영원토록 너희와 함께 있게 하시리니 저는 진리의 영이라 세상은 능히 저를 받지 못하나니 이는 저를 보지도 못하고 알지도 못함이라 그러나 너희는 저를 아나니 저는 너희와 함께 거하심이요 또 너희 속에 계시겠음이라"(요 14:15-17)고 약속해 주셨다. 제자들은 약속된 말씀에 의지하여 마가의 다락방에 모여 "마음을 같이 하여 전혀 기도에 힘쓰으로" 오순절 날 "홀연히 하늘로부터 급하고 강한 바람 같은 소리가 있어… 불의 혀 같이 갈라지는 것이… 각 사람 위에 임하여 있더니 저희가 다 성령의 충만(최초의 성령 침례)을 받아 성령이 말하게 하심을 따라 다른 방언을 말하기 시작하는" (행 2:1-4) 성령의 충만을 받았다.

그리고 베드로가 성령 침례(최초의 성령 충만)를 받고 말씀을 증거 했을 때, 삼천 명이 회개하고 또 성전 미문에 앉아 구걸하는 앉은뱅이를 향해 "은과 금은 내게 없거니와 내게 있는 것으로 네게 주노니 곧 나사렛 예수 그리스도의 이름으로 걸으라 하고 오른 손을 잡아 일으키니 발과 발목이 곧 힘을 얻어"(행 3:6-7) 걷기도 하고 뛰기도 하며 하나님을 찬미하는 놀라운 기적이 일어남을 체험한다. 이에 베드로와 제자들은 성령의 놀라운 역사하심을 알고 성령의 충만을 끊임없이 갈망했다(행 4:8; 행 4:31).

예수님의 제자들이 성령의 충만을 끊임없이 간절히 갈망했을 때, 그들은 성령의 충만을 받아 사람들을 하나님께 돌아오게 하고 회개케 하고 질병을 치료하고 세상을 정죄하고 복음을 증거하여 세상을 변화시키는 하나님의 사람들이 되었다(고전 1:26-29, 요 14:12-14).

기도온에게 임했던 성령님이나 예수님 속에서 역사하신 성령님, 12사도들이나 기독교 역사에 찬란한 빛을 발했던 주의 종들 속에서 역사하신 성령님이나 오늘 우리에게 임한 성령님은 같은 성령님이시다. 그런데 우리에게 있는 성령님은 왜 '성령의 나타남'이 약할까? 그건 성령님이 다르기 때문이 아니라 우리의 '믿음과 순종'의 그릇이 작고 하나님에 약속의 '말씀에 의지하여' 기도하지 않기 때문이다. 제자들과 같이 예수님의 마음을 품고, 예수님의 말씀을 믿고 순종하지 않기 때문이다. '성령의 은사'(성령의 충만함에 의한 성령의 나타남)는 우리의 믿음과 순종의 그릇 크기만큼 나타나는 것이다. 믿음이 없는 사람들은 "지금이 아니라 나중에 언젠가, 여기가 아니라 어딘가 다른 곳에서, 내가 아니라 다른 사람들에게"라고 말한다. 그러나 믿음의 사람들은 "하나님께서 다른 곳에서 행하신 것을 이곳에서도 행하실 수 있다. 그분은 과거에 행하신 것을 지금도 행하실 수 있다. 그분은 다른 사람들을 위해 행하신 것을 나를 위해서도 행하실 수 있다"고 말한다.

그리고 그 믿음이 우리를 전과는 전혀 다른 차원에서 살게 한다. 우리가 전에는 감히 꿈도 꾸지 못했던 차원에서 살게 한다. 보혜사 성령님(요 14:16)이 장소, 지리, 시대, 국적, 사람을 초월하여 우리에게 빛을 비춰 주시고, 하나님의 음성을 듣게 하시고, 예수님과 같은 능력을 행할 수 있도록 도우신다. 예수님의 말씀을 믿고 성령님을 의지할 때 비로서 우리는 하나님 앞에서 우리가 마땅히 되어야 하고 마땅히 할 수 있는 일을 하게 될 것이다.

5장

성경적 패러다임으로 세상적 가치에 도전하라

패러다임Paradigm이란 어떤 한 시대 사람들의 견해나 사고를 근본적으로 규정하고 있는 테두리로서의 인식의 체계, 또는 사물에 대한 이론적인 틀이나 체계를 의미하는 개념이다. 이 용어는 토마스 쿤의 『과학 혁명의 구조』라는 책에서 처음 등장한 과학용어였지만 오늘날에는 모든 분야에 걸쳐 사용되고 있다.

패러다임은 쉽게 말해서 '사고와 행동에 영향을 주는 하나의 틀'을 말하는데 어떤 영역에서 하나의 패러다임이 지배하게 되면, 그 속에 속한 사람들은 그 패러다임 내에서 행동하고 생각하게 되기 때문에 사람들마다 또는 조직마다 갖고 있는 행동의 특성을 이야기 할 때도 패러다임이라는 말을 쓴다.

이러한 정의를 기준으로 '성경적인 개념과 사고를 갖고 미래를 생각하고 계획하고 사람과 사물을 보고 말하고 행동하고 살아가는 하나님의 사람들의 가치 기준'을 성경적 패러다임이라 말할 수 있다. 좀 더 구체적으로 말한다면 '성경을 하나님의 계시된 말씀으로 믿으며, 하나님의 창조와 절대 주권과 섭리를 믿고, 예수님께서 우리 죄를 대신하여 십자가상에서의 대속하심과, 사망권세를 깨뜨리시고 부활하셔서, 우리가 영생을 얻었음을 확신하며 하늘에 영광스러운 산 소망을 간직하고, 하나님의 영광을 위해 살아가는 삶'을 성경적 패러다임의 삶이라 할 수 있다.

성경적 패러다임이 우리의 삶의 기준이 되는 순간 우리의 삶의 내용은 엄청나게 변화된다. 기존에 지배하던 사고의 틀이 바뀌면 사람들의 행동과 사고방식이 변화된다. 그저 조금 변하는 정도가 아니라 패러다임이 바뀌는 순간 거의 혁명적인 변화를 느끼게 된다.

예를 들어 '천동설'이라는 패러다임이 지배하는 시기와 '지동설'이라는 패러다임이 지배하는 시기는 완전히 다른 행동과 사고방식을 야기한다. 마찬가지로 우리의 삶이 기존의 세상에 뿌리를 둔 삶에서 성경적 패러다임을 가진 삶으로 바뀌는 것은 우리의 삶과 미래의 방향을 하나님의 축복 안에 거하도록 바꾸는 엄청난 일이다.

기드온은 하나님이 "자신을 선택했고, 자신을 큰 용사로 인정했고, 자신과 함께 하심을 여러 번의 기도응답을 통해 체험함"(삿 6:11-24)으로 자신이 아무 것도 할 수 없는 무능한 존재요, 가능성이 전혀 없는 쓸모없는 존재라는 '자신에 대한 부정적인 생각(열등감)'을 버릴 수 있었다. 더욱이 여러 번의 기도응답을 통해 '하나님의 위대하심과 말씀의 위대하심'을 듣고 보고 체험함으로 '하나님과 친밀한 사랑의 관계'에 성공할 수 있었다.

기드온이 하나님과의 관계를 회복하고 나자 그는 모든 희생과 죽음을 각오하고 '우상을 제거'(삿 6:25-27)할 수 있었다. 하나님께서는 모든 희생과 죽음을 각오한 기드온에게 '성령의 충만'(삿 6:34)을 주셨고, 성령의 충만을 받은 기드온은 하나님의 명령에 순종할 수 있는 은사적 믿음으로 새로운 성경적 패러다임을 갖고 불가능해 보이는 일에 믿음으로 도전하여 승리함으로 하나님의 영광을 드러낸다(삿 7:1-23). 기드온이 이스라엘 민족을 괴롭히던 미디안 군을 하나님의 말씀에 의지하여 믿고 순종함으로 적군을 물리치고 대승을 거두자 백성들이 기드온을 왕으로 추대(삿 8:22-23)했다.

자신을 드러내고 싶어 하고 더 누리고 싶어 하는 것이 인간의 본성인데 기드온은 자신이 영광을 받지 않고 하나님께 그 영광을 돌리며 "여호와께서 너희를 다스리시리라"(사 8:23)는 고백을 할 수 있는 온전히 하나님의 사람으로 변화된 모습을 우리에게 보여주고 있다.

우리는 하나님의 은혜로 자녀가 되는 축복을 받았다. 이에 머무르지 않고 하나님의 자녀로서 능력 있는 삶을 살고 기드온처럼 하나님과 함께 비범한 일을 성취하기 위해서는 하나님의 말씀을 믿고, 하나님의 절대 주권과 섭리를 믿고, 하늘의 영광스러운 소망을 간직한 채 하나님의 영광을 위해 성경적 패러다임을 갖고 살아가겠다는 결단이 필요하다.

세상에 발을 담가둔 채 세상과 하나님 사이를 저울질 하면서 하나님의 놀라운 역사에 동참할 수는 없다. 당신의 인생과 미래를 축복의 길로 바꾸기 위해 당신의 삶 전체를 바꾸는 패러다임의 변화가 필요하다.

세상에는 변화와 관련해 세 종류의 사람이 있다고 한다. 변화를 죽기보다 싫어하여 변화를 거부하는 사람, 언제나 변화에 적응하지 못하고 뒤따라가는 사람, 그리고 변화를 기회chance로 여기고 도전하는 사람. 당신은 어떤 사람인가? "인생은 Bbirth로 시작해서 Ddeath로 끝난다"는 장 폴 사르트르Jean Paul Sartre의 말대로, 모든 사람은 태어난 순간부터 한 시도 멈추지 않고 죽음을 향해 돌진하고 있다. 절망할 수밖에 없는 우리에게 다행스러운 것은 하나님은 B와 D 사이에 Cchoice를 주셨다는 사실이다. 그리고 당신의 인생은 바로 이 B와 D 사이에 있는 C에 의해 좌우된다.

사람은 눈을 감는 순간까지 수많은 선택을 하며 살아간다. 한 순간도 멈추지 않고 끊임없이 선택의 기로에 서게 되고, 그 선택에 따라 우리의 삶과 미래가 결정된다. 이렇게 B에서 D로 가는 인생은 먼저 선택choice이라는 C를 통해 행복한 삶의 기회chance를 갖게 된다. 하나님은 인간에게 선택할 수 있는 자유의지를 주셨지 기회를 주신 것은 아니다. 기회란 오직 의지로 선택하고 변화 되어질 때 자신의 것이 되는 것이다. 그러므로 도전이 없으면 변화도 없고 기회도 없고 성공도 없다.

오웬 린츠메이어Owen W.Linzmayer는 『애플의 비밀』Apple

Confidential이라는 책에서 존 스컬리John Scully와 애플 컴퓨터의 설립자인 스티브 잡스Steve Jobs 사이의 상호 교류에 관해 이야기 하고 있다. 당시 스컬리는 펩시콜라의 전설적인 유능한 최고 경영자로 일하고 있었는데 그는 애플사로 와서 함께 일하자는 잡스의 계속되는 요구를 몇 번이고 거절한 상태였다. 그런데 어느 날 잡스의 다음과 같은 말 한 마디는 스컬리의 가치관 세계를 송두리째 흔들어 놓고 말았다.

"자네 남은 생애를 지금처럼 설탕물을 팔면서 보내고 싶은가? 아니면 세상을 변화시킬 기회를 잡기 원하는가?" 잡스의 이 말은 분명한 결단을 촉구하는 충격적인 도전이었다. 결국 스컬리는 마음을 바꾸었다.

그는 미국에서 가장 돈 잘 벌고 또 사람들의 이목을 끄는 펩시콜라의 최고 경영자 직책을 사임하고 즉시 캘리포니아로 이사를 가서 이제 막 시작한 소규모 회사이지만 미래에 대한 비전으로 가득 찬 회사인 애플 컴퓨터사에 극적으로 합류하였다.

튀르고Turgot 1727-1781, 프랑스의 정치가 경제학자는 "콜롬부스에 대해 내가 찬탄하는 점은 그가 신대륙을 발견했다는 것이 아니라 그런 신대륙이 있으리라는 생각을 믿고 그것을 찾아나섰다는 것이다" 라고 콜롬부스의 도전정신을 극찬했다.

링컨 대통령이 위대한 것은 노예를 해방시킨데 있는 것이 아니라 11번의 계속된 선거 패배에도 불구하고 포기하지 않고 269번의 성경 통독을 통한 성경적 패러다임으로 대통령에 도전한 불굴의 도전 정신에 있는 것이다.

이 세상에서 가장 행복하고 성공적인 삶을 사는 사람은 "하나님의 말씀에 의지하여"(눅 5:5) 가치 있는 일에 도전하는 사람이다. 뜻이 있는 곳에 길이 있다고 '하나님의 말씀에 의지하여' 도전할 때 '하나님이 함께' 하시기 때문에 불가능하게 여겨지던 일들이 기적 같이 이루어지기 시작한다. 바로 지금 당신도 말씀에 의지하여 성경적 패러다임으로 살기를 결단하고 '하나님의 위대하심과 말씀의 위대함'을 증거 하는 삶에 도전하여 비범한 일을 성취하는 삶의 축복을 누리길 바란다.

1. 말씀에 의지하여 깊은 곳으로 나아가라(눅 5:4-5)

베드로는 어부의 아들로 태어나 어릴 때부터 아버지를 따라 갈릴리 바다에서 잔뼈가 굵은 사람이며 30여 년 동안 고기를 잡으며 살아왔던 어부였다. 그런데 하루는 밤이 맞도록 수고를 하였으되 한 마리도 고기를 잡지 못해 집에 돌아가기 위해 그물을 씻고 있을 때 예수님께서 베드로에게 "깊은 데로 가서 그물을 내려 고기를 잡으라"(눅 5:4)고 말씀하신다.

갈릴리 바다는 바다라고는 하나 폭이 8m, 길이가 12m로 크지 않은 호수 같은 바다였기에 그곳에서 30년 동안 어부였던 베드로는 갈릴리 바다에 관해서는 누구보다 전문가였다. 더구나 밤이 깊으면 고기가 얕은 곳으로 움직이기 때문에 깊은 데로 가서 그물을 내려 고기를 잡는다는 것은 베드로의 경험과 이성에 어긋나는 말씀이었다. 그러나 베드로는 대답하여 가로되 "우리들이 밤이 맞도록 수고를 하였으되 얻은 것이 없지만은 '말씀에 의지하여' 내가 그물을 내리리이다"하고 그물을 내렸을 때 고기를 에운 것이 심히 많아 그물이 찢어지는 만선의 축복을 경험하게 되었다(눅 5:5-6).

이렇듯 밤이 맞도록 수고하였으되 얻은 것이 없는 신앙이나, 밤이 맞도록 수고하였으되 얻은 것이 없는 인생이라면 '하나님의 말씀에 의지하여' 더 깊은 곳으로 나아가야 한다. 우리가 밤이 맞도록 수고하였으되 얻은 것이 없는 것은 나 혼자서 내 생각대로 내 경험대로 내 의지대로 내 방식대로 밤이 맞도록 수고하거나 '좀 더 깊이 나아가지' 않았기 때문이다.

하나님의 말씀인 성경은 수천 년 동안 수많은 사람들에 의해 검증된 진리이다. 하나님의 말씀에 의지하여 살았던 사람들은 하나같이 행복하고 성공적인 인생을 살았다. 더욱이 가치 있고 보람된 인생을 살았을 뿐만 아니라 많은 사람들에게 선한 영향력을 끼쳤고 인류사회에 자유와 평등과 문명을 발전시키는데 기여하고 헌신하였다. 그러므로 말씀의 능력을 추호도 의심치 말고 깊은 곳으로 나아가야 한다.

하나님의 말씀에 의지하여 깊은 곳으로 나아가겠다는 결심을 했음에도 쉽지 않을 때가 있다. 베드로가 깊은 곳으로 나아가려고 할 때 다른 경험이 많은 친구들은 비난과 함께 반대를 했을 것이다. 어부들의 경험으로는 말이 안 되는 이야기이다. 베드로의 마음에도 회의가 들고 의심하는 마음도 있었다. 밤도 깊고, 바람도 불고, 풍랑이 일고 아무것도 예측할 수 없는 '반신반의'의 상태로 베드로는 깊은 곳으로 나아갔다.

우리들도 이런 경우를 많이 경험한다. 하나님께서 내 생각, 내 경험과는 다른 어떤 일을 하라고 하실 때가 있다. 믿음으로 순종하려고 결심을 했음에도 주위 사람들의 비난과 반대가 있게 되면 반신반의와 회의와 실패에 대한 두려움, 미래에 대한 불안이 물밀듯 밀려오게 된다.

그러나 이때, 우리가 기억해야 할 것은 베드로가 깊은 곳으로 갈 때 혼자 간 것이 아니라 '예수님이 함께' 가셨다는 사실이다. 우리도 주님이 명하신 일을 행할 때 나 혼자서 하는 것이 아니다. 나를 나보다 더 사랑하시고, 나를 나보다 더 잘 아시고, 미래에 대해 나보다 더 완벽한 설계도를 갖고 계시는 만왕의 왕이요, 만주의 주가 되시는 '예수님이 우리와 함께 하시면서 우리를 돕고' 계신다. 우리는 이 사실을 기억하면서 깊은 곳으로 나아가야 한다. 나 혼자가 아니라 주님과 함께, 내 생각이나 내 길이 아닌 주님의 생각과 주님의 길로, 우리보다 생각이 더 높고 더 깊은 주님의 말씀을 따라 '한 번 더, 좀 더 깊이' 나아가야 한다. 한 번 더 믿고, 견디고, 참고, 한 번 더 깊이, 좀 더 깊이 나아갈 때 우리는 하나님의 때에 하나님이 성취하시는 비범한 일에 동참할 수 있게 된다.

2. 말씀에 의지하여 하나님의 절대주권을 신뢰하라

우리가 인생을 살아가는데 항상 햇빛만 비추고 모든 일이 순탄하다면 무슨 걱정이 있겠는가? 그러나 우리가 신앙생활을 하고 하나님의 자녀로서 삶을 살고 있음에도 불구하고 우리에게 고난이 가중되고 원치 않는 사람들을 만나고 환난을 당하고 상처를 받고 억울한 일을 당하고 내가 원치 않는 곳으로 인도를 받을 때 우리는 하나님의 사랑과 능력에 대해 의문을 갖게 된다. 더구나 자신이 죄를 범하고 말씀대로 순종하지 못했다고 생각이 들 때는 고난이 와도 회의가 들거나 방황하지 않고 회개하게 된다.

그런데 문제는 내가 하나님 말씀대로 믿고 순종하는데도 고난이 가중되고 실패가 반복될 때 영적 고난이 오게 되는 것이다. 연약하고 어리석은 존재이기에 완벽하지는 않지만 항상 하나님 중심, 말씀 중심, 교회 중심으로 살면서 먼저 그의 나라와 그의 의를 구하며 사는데 계속 반복되는 예기치 않는 고난이 계속될 때 우리는 하나님의 절대 주권에 대한 회의가 들게 된다. 악을 행하고 신앙생활이 아닌 교회생활을 하고 사회에서 성공했다고 교회에서 자신이 주인 행사를 하는 사람들이 더 잘되고 인간적인 냄새를 풍기면서 인간적인 수단과 방법으로 사는 사람들이 더 잘 사는 모습을 볼 때 과연 하나님이 계시는가라는 갈등을 갖게 되기도 한다.

그러나 바로 그 때에도 하나님의 절대 주권을 신뢰해야 한다. 하나님의 사랑과 능력과 하나님의 약속의 신실함을 신뢰해야 한다. 우리는 내 앞에 어려운 일이 닥치면 자신의 입장에서 고난이라고 말한다. 그러나 하나님께서는 고난이 아니라 축복 주시기 위한 훈련이라고 말씀하신다.

하나님께서는 "야곱아 너를 창조하신 여호와께서… 이스라엘아 너를 조성하신 자가… 너는 두려워 말라 내가 너를 구속하였고 내가 너를 지명하여 불렀나니 너는 내 것이라 네가 물 가운데로 지날 때에 내가 함께 할 것이라 강을 건널 때에 물이 너를 침몰치 못할 것이며 네가 불 가운데로 행할 때 타지도 아니할 것이요 불꽃이 너를 사르지도 못하리니 대저 나는 여호와 네 하나님이요 이스라엘의 거룩한 자요 네 구원자임이라… 내가 너를 보배롭고 존귀하게 여기고 너를 사랑하였은즉 너는… 두려워 말라"(사 43:1-5)는 약속의 말씀을 주셨다.

하나님은 야곱을 창조하셨고 야곱의 인간적인 영악함과 어리석음을 벧엘에서 깨뜨리시고(창 28:15) 삼촌 라반의 집에서의 삶과 얍복강에서 무릎을 꿇게 하시고 환도뼈를 쳐서(창 32::32) 이스라엘(창 32:28)로 조성하셨다. 마찬가지로 우리에게 주어지는 여러 가지 사건을 통해 우리를 창조하신 하나님은 야곱 같은 우리를 대면하시고 하나님의 축복자 이스라엘로 조성해 가시는 것이다.

아브라함은 "너는 너의 본토 친척 아비 집을 떠나 내가 네게 지시할 땅으로 가라 내가 너로 큰 민족을 이루고 네게 복을 주어 네 이름을 창대케 하리니 너는 복의 근원이 될지라"(창 12:1-2)라는 하나님의 음성을 듣고 현재의 안락한 삶을 포기한 채 말씀을 좇아 갔고(4절) 마침내 가나안 땅에 가서(5절) "내가 이 땅을 네 자손에게 주리라" 한 약속을 붙잡고(7절) 예배의 삶을 시작했다. 그런데 그 땅에 기근이 심하여 애굽으로 내려 갈 수밖에 없었다. 말씀에 순종했는데도 기근이라는 어려움을 만난 것이다. 이럴 때 우리에게는 회의가 들 수밖에 없다.

그런데 그런 고난의 과정을 통해 하나님께서는 우리의 힘을 빼는 것이다. 우리가 어릴 때 수영을 배울 때 가장 강조하는 것이 힘을 빼라는 것이다. 물에 뜨기 위해 힘을 주고 강하게 발버둥치면 점점 더 물로 빠져들게 된다. 그러나 몸에 힘을 빼고 물에 나를 맡기면 자연스럽게 물 위로 뜨는 나를 발견하게 된다. 마찬가지로 우리가 인생을 살 때, 내 생각과 내 의지가 너무 강하면 하나님의 음성을 듣지 못하고 인도를 받을 수 없다. 점점 더 바닥으로 빠져들고 자신에 대해 절대 절망을 느끼게 된다. 우리가 그 사실을 인식하고 내 자아와 내 생각을 버리고 하나님을 의지하며 하나님께만 절대 희망이 있음을 깨닫게 하시기 위해 고난을 통과케 하는 것이다.

아브라함은 민족의 근원이 되게 하리라는 하나님의 엄청난 축복을 약속 받아 의기양양함으로 자기의 생각과 자기의 의지와 생각으로 나아갈 수 있었다. 그렇기에 하나님은 고난을 통해 힘을 빼고 오직 하나님만 믿고 순종하도록 만들어 아들 이삭도 받칠 만큼 하나님을 경외하게(창 22:1-12) 만드셨던 것이다.

하나님은 요셉에게 해와 달과 열 한 별이 절하는 꿈을 주셨다. 그럼에도 불구하고 그는 형제들에 의해 애굽으로 팔려간다. 보디발 장군 집에서 하나님도 주인도 인정할 만큼 성실하게 일했으며 보디발 장군 아내의 유혹을 뿌리친다. 그럼에도 그는 감옥에 갇힌다. 세상적인 관점에서 볼 때 억울하고 말도 안 되는 고난이다. 하지만 하나님은 이 시간을 통해 요셉을 훈련시키셨다. 고난을 통해 하나님께 가까이, 하나님께 더 가까이, 하나님께 좀 더 가까이 가도록 하셨다. 왜냐면 하나님께 가장 가까이 있는 사람만이 하나님을 직접 볼 수 있고, 음성을 직접 들을 수 있고, 하나님의 계획을 알 수 있고, 하나님의 약속을 직접 들을 수 있고, 하나님이 어떤 걸 좋아하는지 싫어하는지를 알 수 있고, 하나님의 능력을 받을 수 있기 때문이다. 무엇보다 하나님께 가장 가까이 있는 사람은 누구도 범접하지 못하기 때문이다. 요셉은 이 훈련의 때를 통해 하나님께 가장 가까이 나아 갈 수 있었고, 그 때 하나님께서는 바로 왕에게 꿈을 꾸게 하고 요셉이 그 꿈을 해몽할 수 있도록 하사 비범한 일을 성취하는 사람으로 축복하셨다. 우리가 이해하지 못하고 알지 못하는 고난을 겪는 것은 우리의 모든 것(우상, 교만, 이기심 헛된 욕심 등)들을 내려놓고 하나님 가장 가까이 오게 하시는 '하나님의 크신 사랑의 방법'이다.

이렇듯 하나님은 하나님의 사람들을 고난을 통해 훈련시키신다. 세상의 성공하는 사람들은 선천적으로 타고난 재능과 부모의 덕으로 성공하기도 한다. 그러나 하나님의 사람들, 비범한 일을 성취했던 사람들은 이런 타고난 사람들이 아니라 만남과 훈련과 순종을 통해 조성된 사람들이다.

하나님의 은혜 안에서 비범한 일을 성취했던 사람들에게 절대적으로 요구되는 하나님의 말씀에 대한 믿음과 순종은 이성이나 배움이나 가문과 관계있는 것이 아니라 하나님과의 만남, 하나님의 섭리 속에서의 훈련되는 것이고, 하나님의 말씀에 절대 순종을 통해 하나님의 축복이 시작되는 것이다. 성경 말씀에 보면 빌립 집사가 "사마리아 성에 내려가 그리스도를 백성에게 전파하고 더러운 귀신들을 쫓아내고 많은 중풍병자와 앉은뱅이를 일으키는 표적을 행함으로 사마리아 성의 온 백성들이 크게 기뻐하고 하나님께 큰 영광을 나타낼 때"(행 8:4-8) 하나님께서 단 한 사람 에디오피아 여왕 간다게 내시에게 복음을 전하도록(행 8:26-39) 명령하시고 이에 빌립 집사는 즉시 순종한다.

우리가 생각하면 사마리아 성에서 수많은 사람들에게 복음을 전하는 것이 훨씬 효율적인 것 같았지만 에디오피아 여왕 간다게 내시에게 복음을 전하라는 하나님의 명령에 즉시 순종하는 것이 더 귀하고 큰일인 것이다(사 55:8-9). 이것이 바로 하나님께서 하나님의 사람들을 훈련시키는 이유이다.

성경의 위대한 인물들은 하나 같이 하나님을 만났고 하나님의 절대주권을 신뢰했고 하나님의 철저한 훈련을 받아 절대 순종의 사람들이 되었다. 오직 이들에게 뛰어난 점은 남다른 하나님과의 만남이었고 순종이었다. 그들이 온전히 하나님의 말씀을 믿고 순종하였을 때 하나님은 그들에게 비범한 일을 성취케 하셨던 것이다.

하나님은 크고 놀랍고 측량할 수 없는 분이기에 피조물인 우리는 창조주이신 하나님의 주권적 섭리를 모두 알 수도 이해할 수도 없다. 그러나 우리는 하나님의 주권적 섭리를 온전히 신뢰해야 한다.

『왜 이런 일들이 나에게 일어날까?』*Why did this happen to me?*의 저자 Ray Pritchard는 하나님의 복된 섭리를 믿어야 할 이유를 이렇게 간결하게 설명한다. "하나님은 무슨 일이 언제 어떻게 왜 일어나는지를 결정하시고 심지어는 그 일이 일어난 후에 발생하게 될 일들까지도 친히 결정하신다. 이 사실은 태초부터 모든 곳에서 일어나는 모든 사건들에 해당된다. 하나님이 그렇게 하시는 것은 우리의 유익과 하나님의 영광을 위해서다. 하나님은 죄를 범하는 분이 아니시다. 그럼에도 불구하고 악이 하나님의 목적을 이루는 역할을 한다. 하나님은 우리의 자유 의지를 침해하지 않으신다.

그럼에도 불구하고 우리의 자유 의지가 하나님의 목적을 이루는 역할을 한다. 우리가 이 모든 것을 다 이해해야 하는 것은 아니다. 우리는 그저 그렇다는 것을 믿어야 한다."

왜 우리가 주님 안에 거하는데도 불행이 있는지, 왜 우리가 억울한 누명을 쓰게 되는지, 왜 우리가 최선을 다했는데 실패했는지, 왜 우리에게 필요한 이삭을 달라고 하시는지 우리는 다 알 수가 없다. 그러나 분명한 것은 "우리가 알거니와 하나님을 사랑하는 자 곧 그 뜻대로 부르심을 입은 자들에게는 모든 것이 합력하여 선을 이루느니라"(롬 8:28)는 말씀처럼 고난당할 때는 알지 못하지만 시간이 지나가면 하나님께서 언제나 가장 좋은 것을 가장 좋은 때에 가장 좋은 방법으로 주신다는 것을 우리는 수없이 체험하게 된다.

부모가 죽도록 충성하고 열심히 기도했는데도 세상적으로 아무런 열매가 없던 자녀들이 풍성하게 거두기도 하고, 부모들이 세상적인 방법으로 살면서 성공한 것 같았는데 얼마 안가 자녀들이 낭패를 당하기도 하고, 교만하고 자기도취에 빠져 끝이 미약해지는 사실을 우리는 수 없이 목격하게 된다.

우리가 하나님의 주권적 섭리를 다 이해할 수 없어도 하나님의 뜻에 순종을 선택하면 분명히 '형통하고 창대케 해 주신다'는 사실은 확실하다.

성경은 하나님이 우리를 선택하여 예수님의 보혈로 구속하여 자녀 삼았고 "우리를 보배롭고 존귀한 자로 여기며 우리를 사랑"(사 43:4-5)하신다 하셨고, 그러기에 물 가운데로 지날 때도(홍해 바다) 침몰치 못할 것이며 불 가운데 행할 때도(사드락, 메삭, 아벳느고. 단 3:17-28) 타지 아니하고 사르지 않게 하신다고 약속하셨다.

약속을 변개치 않으시고 온전히 성취하시는 하나님을 신뢰하고 하나님의 절대 주권을 신뢰하자. 훈련의 때가 끝나고 하나님의 때가 이르렀을 때 하나님께서 당신을 정금과 같이 사용하실 것이다.

3. 말씀에 의지하여 기도의 깊은 곳으로 나아가라

(시 81:10-12; 민 6:22-27)

우리는 밤이 맞도록 수고하였으되 얻은 것이 없을 때 '말씀에 의지하여' 기도의 깊은 곳으로 나아가야 한다. 하나님의 말씀인 성경에는 "나는 너를 애굽 땅에서 인도하여 낸 여호와 네 하나님이니 네 입을 넓게 열라 내가 채우리라 하였으나 내 백성이 내 소리를 듣지 아니하며 이스라엘이 나를 원치 아니하였도다 그러므로 내가 그 마음의 강퍅한대로 버려두어 그 임의대로 행케 하였도다"(시 81:10-12)했다.

교회의 역사를 보면 하나님께서 여러 모양의 사람들을 사용했음을 볼 수 있다. 60년 동안 새벽 네 시에 일어나고 전 세계를 돌아다니며 천 편이 넘는 설교를 하면서 90세까지 살았던 존 웨슬리John Wesley를 사용하셨는가 하면, 한 편의 설교를 한 후에 한 사발의 피를 토하곤 하던 데이비드 브레이너David Brainerd와 같이 연약한 사람도 하나님이 사용하셨다. 19세에 예일 대학의 교수가 된 조나단 에드워즈Jonathan Edwards와 같은 천재를 사용하셨는가 하면, 드와이트 무디Dwight Moody와 같이 무학자를 사용하여 위대한 복음 사역의 꽃을 피우게도 하셨다. 전혀 다른 삶을 사는 사람들을 사용하셨지만 그들에게는 꼭 한 가지 공통점이 있었다. 그것은 그들 모두가 다 하나님 앞에 '기도의 사람'이었다는 점이다.

기도하지 않는 사람은 하나님이 결코 사용하지 않는다. 하나님은 "하루에 세 시간씩 기도하며 바쁠 때는 더 많이 기도한다"는 마틴 루터Martin Luther를 쓰셔서 독일과 유럽의 교회를 깨어나게 해주셨다. 일주일에 하루를 오직 기도에만 바쳤던 아도니람 저드슨Adoniram Judson은 불교에 잠들어 있던 절망의 땅인 버마에 그리스도의 복음을 물결치게 하였다.

예수님께서 부활 하신 후 제자들에게 "예루살렘을 떠나지 말고 내게 들은바 아버지의 약속하신 것을 기다리라 요한은 물로 세례를 베풀었으나 너희는 몇 날이 못 되어 성령으로 세례를 받으리라"(행 1:4-5)라고 말씀하신다. 제자들이 예수님의 '약속의 말씀에 의지하여' 전혀 기도에 힘썼을 때(행 1:14) 오순절 날이 이르매 약속하신 성령의 충만을 받았다. 이렇듯 우리가 약속의 말씀에 의지하여 전혀 기도에 힘쓸 때, 때가 차면 분명한 응답을 주신다.

기도 응답의 비결은 첫째가 약속된 말씀에 의지해야 하는 것이며 둘째가 전혀 기도에 힘쓰는 것이며 셋째가 하나님의 때가 차야 하는 것이다(갈 4:4). 포도나무 가지가 포도나무에 붙어있으면 열매를 맺지만 바로 맺어지는 것이 아니라 때가 차야 포도가 맺혀지듯이 우리가 하나님 안에 있어도 하나님의 때가 되어야 하나님의 방법으로 하나님의 것을 주시는 것이다. 내 때가 아닌 하나님의 때에, 내 방법이 아닌 하나님의 방법으로, 내가 원하는 것이 아닌 하나님이 원하시는 것을 주신다. 때로는 내가 원하는 것이 아니고, 내가 원하는 때가 아니고, 내가 원하는 방법이 아닌 것 같아

실망하고 낙담하나 시간이 지나 되돌아보면 내가 나를 사랑하는 것보다 나를 더 사랑하시고 내가 나를 아는 것보다 나를 더 잘 아시는 하나님이 주신 것이 최고로 좋은 것이었음을 깨닫게 된다.

기도의 단을 깊고, 넓고, 높고, 길게 쌓을 때 능력이 임하고 은사가 나타나고 상상할 수 없는 하나님의 은혜가 임하게 된다. 어떤 사람의 중보기도가 빨리 응답되지 않아 하나님이 안 계시고 응답이 되지 않을 것으로 여겨져 회의가 들고 주위 사람들의 비난을 들을 때도 있지만 말씀에 의지하여 기도의 깊은 곳으로 나아갈 때 어느 순간에 엄청난 역사가 일어나는 것을 수없이 경험하게 된다.

모니카의 오랜 깊은 기도가 어거스틴을 성 어거스틴으로 만들었고, 요게벳의 오랜 깊은 기도가 모세를 이스라엘의 가장 위대한 인물로 만들었다. "하나님은 크고 측량할 수 없는 일을 행하시며 기이한 일을 셀 수 없이 행하시는 분"(욥 5:9)이시다.

우리는 기도의 깊은 곳으로 나아감과 동시에 기도의 지경을 넓혀야 한다. 사무엘은 "나는 너희를 위하여 기도하기를 쉬는 죄를 여호와 앞에 결단코 범치 아니하고"(삼상 12:23)라고 하면서 백성을 위해 제사장으로서의 책무인 중보기도를 쉬지 않고 했다고 말하고 있다. 우리는 다 왕 같은 제사장(벧전 2:9)이기에 우리에게는 제사장들처럼 중보기도를 드리는 의무가 있고 드리지 않으면 직무태만의 죄가 된다.

민수기에 제사장이 어떻게 기도해야 하는지가 기록되어 있는데 "여호와께서 모세에게 일러 가라사대 아론과 그 아들들(제사장들)에게 고하여 이르기를 너희는 이스라엘 자손을 위하여 이렇게 축복하여 이르되… 그들은 이같이 내 이름으로 이스라엘 자손에게 축복할지니 내가 그들에게 복을 주리라"(민 6:22-27)고 약속하셨다. 제사장이 백성을 위해 복 주시고(민 6:24), 지키시고(24), 은혜를 베푸시고(25), 평강 주시길(26) 기도하면 하나님께서 복을 주시라(27)고 약속하신 것이다.

이렇듯 중보 기도는 거듭난 사람에게 주어진 축복의 통로다. 내가 누군가를 위해 복주고 지키고 평강을 줄 수 없다. 그러나 믿음으로 기도 하면 하나님께서 내가 기도한 사람을 위해 복을 주시겠다고 약속하신 것이다. 이 얼마나 놀라운 은혜의 역사인가? 중보기도는 내가 기도하면 하나님께서 이루실 것이라는 성경 말씀을 믿는 만큼 할 수 있다.

그렇기 때문에 중보기도는 믿음과 사랑의 시작이고 믿음과 순종의 바로미터이며, 성숙된 신앙의 표현이다. 그래서 믿음의 성숙만큼 중보 기도하게 되어 있고 믿음의 성장만큼 성령의 역사하심을 보고 듣고 알고 체험하게 된다. 우리가 기도할 때 성령님께서 역사하사 내적 역사로 기도하는 사람에게 깨달음과 확신과 회개와 담대함과 지혜를 주시기도 하시고 기도할 때 성령님께서 중보기도 하는 대상자를 위로하시고 깨닫게도 하시고 순종하게도 하시고 또 환경을 변화시키시는 외적 역사를 이루신다. 가장 중요한 사역이며, 중보기도는 우리의 영혼을 살리고 이웃의 영혼을 살리는 하나님의 축복된 명령이며 가장 중요한 사역이다. 더구나 우리가 하나님의 절대 주권과 사단의 실존과 역사를 믿을 때 중보기도의 중요성을 절감할 수 있게 된다. 미국의 수도 워싱턴은 1993년에 454명이 살해됨으로써 미국의 살인 수도라는 별명이 붙어있는 도시였다. 그런데 그로부터 6년 후인 1999년의 워싱턴 범죄율은 폭력범죄율이 60%까지 떨어졌고 1993년 454명이던 피살자 수 232명으로 줄었다. 강도는 70%나 감소되었고, 성폭력도 40%나 줄어들었다.

어떻게 해서 이런 일이 일어날 수 있었을까? 이것은 미국에서 일어난 기도 운동 '미국을 위한 중보자들'과 전 세계의 지속적인 중보기도 때문이라고 한다. 늘 정부와 도시 지도자들을 위해 기도하는 이 기도 운동은 연중무휴로 지속되고 있다.

또한 점성술사와 사단 숭배자가 많았던 미국 콜로라도 스프링스에서는 중보기도자들과 교계 영적 지도자들이 모여들면서 범죄율이 낮아졌음은 물론 미국의 영적 부흥의 새로운 중심지가 되고 있다. 그곳에는 이미 전 세계 영성 운동 그룹인 네비게이토 본부가 있고, 가정 사역의 중심지라 할 수 있는 'Focus on the Family'가 자리 잡고 있다.

교회와 깨어 있는 성도들이 이렇게 자기가 속한 지역을 위해 금식하며 기도하는 영적 대 각성 운동이 일어나면 예배의 부흥이 일어나고 교회 성장을 가져오고 빈곤과 폭력이 끊어지고 우상숭배가 없어지며 가정이 회복되는 등 사회 전 영역을 변화시키는 역사가 일어난다.

과테말라 알모롱가라는 도시는 20여 년 전만 해도 이 도시는 폭력이 난무하고 부모들은 자녀 교육에 관심도 없었고 아주 가난했으며 대부분의 성인 남자들은 알코올 중독으로 인해 늘 크고 작은 싸움이 있었던 곳이다. 얼마나 범죄가 심했던지 인구 2만 명의 크지 않은 도시에 4개의 감옥으로도 수용이 부족할 정도였다. 그런데 지금의 알모롱가는 가장 깨끗하고 행복하고 풍성한 도시로 변화되었고 가정은 회복되었으며 빈곤은 완전히 없어졌다. 깡패들이 모두 변화되어 목사들이 되었고 마을 사람 90%가 복음화되었으며 4개나 되었던 감옥은 폐쇄되어 지금은 결혼 예식장으로 사용되고 있다. 사람들은 이제 그 도시를 '교회의 도시'the City of Church라고 부른다. 이렇게 된 배경에는 이 지역 출신 마리아노 목사의 목숨을 건 중보기도가 있었기 때문이다.

그는 자신의 고향을 더 이상 위험하고 어두운 도시로 남겨둘 수 없어 일주일에 3~4일씩 금식하며 기도하기 시작했고 계속되는 금식 기도의 결과로 교회들은 눈에 띄게 성장했으며 불치의 병을 앓던 사람들이 기도의 힘으로 고침 받는 일들이 일어났고 이에 수백 명의 사람들이 주님 앞에 회개하고 도시를 위해 기도하기 시작했다.

또한 놀랍게도 이 기도의 위력은 이 지역 농업용 토지들까지 변화시켰다. 신기하게도 토양까지 급격히 비옥한 토질이 되면서 모든 수확물들이 갑자기 커지고 영양분도 높아졌다. 모든 농작물의 크기가 2~3배씩 커지고 맛이 더 좋아졌으며 수확량도 비교

조사 결과 영적 각성 전보다 무려 1천 배 이상으로 늘어났다. 이런 변화에 대해 미국과 남미의 몇 나라에서 농업 전문가들이 방문하여 조사했지만 특별한 원인을 발견할 수가 없었다고만 보고했다. 하나님만이 알고 하나님만이 하실 수 있는 기적이라는 증거다. 토양이 주님의 손길에 의해 창조된 것이니, 하나님께서 손을 내밀어 주시면 수확량이 1천 배 이상의 옥토가 될 수 있는 것이다.

이렇듯 중보기도는 기적을 만들어낸다. 자기를 위한 기도가 아니라 남을 위한 기도, 이웃을 위한 기도, 사회를 위한 기도, 나라를 위한 기도, 교회를 위한 기도를 하는 이들이 있을 때 이런 놀라운 역사가 일어났다. 기도가 없는 곳에는 아무런 역사도 없다. 그것은 그야말로 자연의 모습일 뿐이다. 자연적으로 일어나는 것일 뿐이다.

그러나 중보의 기도가 있는 곳에는 자연의 순환과 역사가 멈추고 하나님의 역사가 나타난다. 더구나 그 기도가 자연을 창조하시고 천지만물을 만드신 그 하나님을 감동시킬 때 우리가 기적이라고 부르는, 우리의 자연적인 이해력으로는 이해할 수 없고 우리가 갖고 있는 과학적 지식과 논리로는 도무지 풀이할 수 없는 "크고 측량할 수 없는 기이한 일"(욥 5:9)이 일어난다.

그러므로 우리의 기도는 하나님을 감동시키고 하나님의 역사를 유발시키는 것이어야 한다. 하나님께서 그 기도를 들으시고 역사하실 수밖에 없을 정도의 감동을 주는 기도가 되어야 한다. 복음을 전하다 억울하게 감옥에 갇혔을 때 바울이 도리어 감사의 기도를 드렸더니 하나님이 감동하여 "홀연히 큰 지진이 나고 옥문이 열리고 착고가 풀리는" 기적이 일어나는 것이다.

가장 행복한 그리스도인은 자신을 위해 기도해 주는 이들이 많은 사람이다. 그런데 그 보다 더 행복한 사람은 자신을 위한 기도보다 남을 위한 기도에 더 많은 시간과 정열을 쏟는 사람이다. 삶이 힘들고 어렵고 때로는 아주 답답한 일을 겪는다. 불안하기도 하고, 이게 어찌 될까 하는 두려움과 염려가 엄습해 온다. 막연히 초조해 진다. 이런 힘든 우리의 삶을 위해 하나님께서 우리에게 주신 것이 바로 중보기도이다.

그러므로 우리는 무엇보다 기도에 힘써야 한다. 그것도 서로를 중보해 주는, 사랑의 기도에 힘써야 한다. 욥은 동방의 의인이라 일컬어진 성도였지만 자기 가족만 아는 이기적인 사람이기에 엄청난 고난을 받았다. 그런데 "욥이 그 벗들을 위하여 빌매 여호와께서 욥의 곤경을 돌이키시고 욥에게 그전 소유보다 갑절이나 주신지라"(욥 42:10)라고 했다. 이기적이었던 욥이 고난을 통해 깨닫고 친구들을 위해 중보기도를 하자 하나님께서 욥에게 큰 복을 주셨다고 성경은 말하고 있는 것이다. 말씀에 의지하여 기도의 깊은 곳으로 나아가자. 기도의 지경을 넓혀 중보기도를 시작해보라. 하나님께서 당신을 축복의 통로로 사용하사 비범한 일을 성취케 하실 것이다.

4. 말씀에 의지하여 감사의 깊은 곳으로 나아가라

(살전 5:16-22)

우리는 인생을 살아가면서 수없는 역경을 만나게 된다. 내 힘으로 감당할 수 없는 여러 가지 어려움과 고난에 직면한다. 실패하고 상실하고 낙심해 어디서부터 시작해야 할지 알지 못할 때도 있다. 이러한 고난의 사간에 어떤 사람은 원망하고 불평하고 낙심하는 반면 어떤 사람은 시련 속에서도 감사의 조건을 찾아 하나님께 감사함으로 기적 같은 하나님의 역사를 체험하는 사람도 있다.

무엇을 소유했느냐에 따른 감사는 그 소유한 것이 사라지면 감사가 사라진다. 있던 것이 없어졌으니 오히려 원망하게 되고, 더 낙심하게 된다. 더구나 원하는 것을 가져야 하는 감사라면 감사할 수 있는 사람은 별로 없다. 승진하는 사람보다는 밀려나는 사람이 더 많고, 돈을 버는 사람보다는 빚을 지는 사람이 더 많고 일류대학에 들어가는 사람보다 그렇지 못한 이들이 더 많다. 내가 가지고 있는 것, 바라는 것들은 남들과 비교하며 살기 시작하면 감사할 수 있는 것은 아무것도 없다. 누군가의 말처럼 "사람에게 가장 큰 불행은 '목마름'이 아니라, 감사하는 마음이 생기지 않는 '메마름'이다."

감사가 없는 마음은 무엇으로도 채울 길이 없다. 감사가 없는 마음은 돈이 있어도 불평이고 돈이 없어도 불평이다. 그 마음은 관심을 기울여 주어도 불평이고 관심이 없어도 불평이다. 같은 물이라도 젖소가 마시면 우유가 되고 독사가 마시면 독이 된다.

그래서 일본의 유명한 신학자 우찌무라 간죠 씨는, "하나님의 형벌은 사업의 실패가 아니요 생활의 곤란도 아니며 육체의 질병도 아니며 가정의 불화도 아니다. 오직 하나님의 형벌은 하나님을 알지 못하고 미래의 천국이 보이지 않는 것이다. 성경을 읽어도 그 뜻을 알 수 없는 것이다. 감사의 마음이 없는 것이다. 이것이 참으로 재난이요 가장 무서운 형벌이다"라고 하였다. 그렇다. 감사가 없으면 그것은 가장 불행하고 가장 무서운 형벌이다. 하와는 모든 좋은 것이 풍성한 에덴동산에서 살았지만 감사가 없었기에 그 모든 에덴동산의 복을 다 잃어버리는 주인공이 되었다.

하나님의 자녀로 거듭난 자들이 드리는 감사는 남보다 무엇을 많이 가졌다거나 원하는 것을 받았기 때문에 드리는 감사가 아니다. 언제나 "구원으로 인한 감사요, 하나님의 사랑에 대한 믿음의 감사요, 소망에 의한 감사"(합 3:17-19)다. 하나님의 자녀들은 구원받은 것으로 인해 감사한다. 죄로 물들어 영원한 형벌에 거할 수밖에 없는 우리를 독생자 예수를 보내기까지 사랑하사 하나님의 자녀로 칭해주셨으니 이 얼마나 놀라운 일인가?

구원의 감격을 아는 믿음의 사람들은 어떤 상황에서도 감사하지 않을 수 없다. 더구나 하나님께서는 자녀들의 모든 기도를 들으시고 가장 좋은 때에 가장 좋은 방법으로 응답하시며, 모든 악한 것들로부터 우리를 지키시고 인도하시며, 마지막 날에 우리를 위해 천국을 예비해 놓기까지 하셨다. 이런 놀라운 비밀을 알고 어찌 감사하지 않을 수 있겠는가? 예수님을 우리 마음에 모시면 진정한 감사가 나오기 시작한다. 마음 깊은 곳에서 감사가 흘러넘치게 된다.

성경은 우리에게 "범사에 감사하라 이는 그리스도 예수 안에서 너희를 향하신 하나님의 뜻이니라"(살전 5:18)고 말씀하고 있다. 하나님의 자녀 된 우리가 감사해야 하는 것은 하나님의 뜻이라고 말하고 있는 것이다.

왜 하나님은 감사하는 것이 하나님의 뜻이라고 하셨을까? 감사한다고 당장 환경이 바뀌는 것은 아니다. 감사한다고 당장 내 문제들이 해결되어 지는 것도 아니다. 그러나 감사할 때 우리 자신의 생각과 삶의 태도가 바뀌고 환경이 변화되기 시작한다. 똑같은 사건 속에서도 감사가 없는 사람은 만족하지 못하고 불평하나 감사가 있는 사람은 희망을 발견하고 감사한다.

우리 영혼이 감사하는 마음으로 변화가 생기면 환경을 바꿀 수 있는 힘을 얻게 된다. 감사할 때부터 우리의 마음이 풍요로워지며, 인생을 보는 시각과 깊이가 달라지게 된다. 환경이 나에게 감사할 수 있는 조건을 만들어 주는 것이 아니라 내가 감사를 드림으로 환경을 변화시킬 수 있는 것임을 깨달아야 한다.

"감사합니다"라는 기도는 성숙한 기도다. 기적을 창조하는 기도이며 깊은 깨달음의 기도이고 성령 충만한 기도다. 사람이 무엇으로 인하여 기뻐하고 행복해 하느냐는 그 사람의 수준을 알 수 있고 미래를 예측할 수 있다. 어떤 사람은 세상의 쾌락을 통해 기뻐하지만 어떤 사람은 다른 사람에게 봉사할 때 행복해 하기도 하고 어떤 사람은 하나님의 사랑으로 인해 기뻐하고 행복해한다.

2차 세계대전 때 군인인 아들을 전쟁터에서 잃은 부부가 있었다. 아픔을 딛고 교회에 나온 부부는 하나님께 거금을 헌금하며 "좋은 아들을 이십 년 동안 우리 곁에 두심을 감사합니다. 그리고 아들의 영혼을 받아 주심을 감사합니다."라고 감사했다. 그 모습을 보고 감동을 받은 다른 집 남편이 "여보, 우리도 저 사람들처럼 감사헌금 합시다."라고 하자 아내가 "아니 우리 애는 아직 살아 있잖아요!"라고 말했다. 그 때, 남편은 "바로 그것 때문에 하는 거요"라고 했다고 한다. 이 남편은 드디어 평범한 일에서도 하나님의 은혜를 맛보기 시작한 것이다. 보통 일에서도 힘을 주시고 격려하시는 하나님의 영광을 발견하게 된 것이다. 이렇게 되면 감사하지 않을 게 없다.

아직 온몸의 모든 부분이 정상적으로 움직이고 있음을, 사랑하는 사람이 곁에 있음을, 힘들어도 하나님과 함께 살아 나갈 삶이 있음을 모두 다 감사하게 되는 것이다. 그래서 영국의 작가 아이잭 월튼은 "하나님의 거하시는 곳은 두 곳이다. 하나는 천국이요, 다른 하나는 감사하는 심령이다"라고 했다.

이렇듯 신앙이 성숙해져가고 믿음이 커져 가면 우리의 감사도 좀 더 깊은 곳으로 나아가야 한다. 우리가 아직 하나님 안에서 온전히 거듭나기 전에는 우리의 감사는 주신 것을 감사하는 장점감사 수준에 머무른다. 하나님이 허락하신 축복, 즉, 내가 받을 축복, 나에게 행하신 특별한 은사 등 내가 가지고 있는 것 있는 것에 감사하게 된다.

그러나 우리의 믿음이 커져 가면 나의 구원자 되신 주님이 나의 주인이심을 고백하며 드리는 원점감사에 이르게 된다. 욥이 모든 곤욕과 질고를 겪으면서도 하나님에 대한 믿음을 저버리지 않고 오히려 하나님을 찬송하며 "주신 이도 여호와시요 거두신 이도 여호와시오니 여호와의 이름이 찬송을 받으실지이다"(욥 1:21)라는 고백을 할 수 있었던 것도 하나님이 주인이심을 온전히 믿고 알았기 때문이다.

이제 우리가 거듭나 하나님의 자녀로서 능력 있는 삶을 살기 위해서는 감사의 더 깊은 곳으로 나아가야 한다. 즉, 범사에 드리는 감사. 우리의 영혼 깊숙한 곳에서부터 하나님의 은혜를 깨닫고 감사를 드리는 만점감사의 단계로 나아가야 하는 것이다.

영국의 종교가요 유명한 기도의 사람 윌리암 로우는 "만족과 행복을 가장 빠르게 찾는 비결은 범사에 감사하는 데 있다"고 말했다. 열이면 열 사람 모두 다 일이 잘되어야 감사하고 보통 때나 안 될 때는 불평한다. 일이 잘 풀리면 하나님께 대한 감사는 잠깐이고 곧 마음이 우쭐해지고 느긋해지는 게 인간이다. 그래서 조금만 살펴보면 내가 사랑하는 대상이 하나님이 아니라 물질이요, 명예요, 욕심임이 드러난다.

생각해 보자. 내가 사랑하는 것이 하나님인가? 아니면 내 소원인가? 하나님은 단지 심부름꾼이 아니다. 더 큰 계획으로 당신을 인도하시는 분이시다. 하나님이 당신을 부르신 것은 하나님의 유익이 아니라 당신의 유익을 위해서이다. 그러므로 당신은 범사에 하나님께 감사해야 한다.

죤 밀러는 말하기를 "사람이 얼마나 행복한 가는 그의 감사의 깊이에 달려 있다"고 하였다. 범사에 감사함으로 주님의 축복의 세계에 도달하는 '만점 감사'의 사람이 되어야 한다.

유대인의 지혜서인 탈무드에 "참으로 지혜로운 자는 '모든 경우에 있어서 배우는 사람'이다. 참으로 강한 자는 누구인가? 그것은 '자신을 절제할 줄 아는 사람'이다." 라는 글이 실려 있다. 그러면 정말 부자는 어떤 사람인가? 그것은 '자신이 가진 것에 감사할 줄 아는 사람이 정말 부자다'라는 것이다. 옷 한 벌, 밥 한 끼, 숨쉬는 공기, 따스한 햇볕, 아름다운 자연, 이 모두가 감사의 조건이 되기 시작하면 하나님의 뜻을 깨닫게 된다.

지금 내가 가지고 있는 모든 것은 진짜 내 것이 아니다. 살아있는 동안 잠시 빌려 쓰고 있을 뿐이기에 늘 감사하는 마음으로 살게 된다. 주신 작은 것에 감사해 보자. 생각지 못한 기적을 체험하게 될 것이다. 부족할 때 감사해 보자. 오병이어의 은혜를 경험하게 될 것이다(요 6:1-15). 고난 중에 감사해 보자. 옥문이 열리고 착고가 풀리고 복된 만남이 있을 것이다(행 16:23-28). 있는 것으로 감사해 보라. 사무엘을 드린 한나에게 일곱 자녀를 주시듯 더 좋은 것으로 주실 것이다.

감사는 인간을 고귀하게 만든다. 그래서 존슨은 "감사는 위대한 인격의 결실"이라고까지 말했다. 감사할 수 없다는 것, 그것은 그 사람의 영혼이 병들었다는 것을 뜻한다. 인간은 언제나 하나님께서 주시는 것을 받아야만 살아갈 수 있는 존재다. 우리가 하나님께 드릴 수 있는 것은 단 한 가지, 감사하는 것밖에 없다. 오늘도 하나님께 감사하며 살자. 감사는 받는 것으로부터 시작되지 않는다. 현재 주신 은혜를 깨닫는 것이 감사의 출발점이다. 하나님의 사랑으로 인해, 예수님의 은혜로 인해, 성령님의 역사하심으로 인해 기뻐하고 감사하자. 주의 이름을 부르는 자는 구원을 얻지만 주께 감사하는 자는 하나님의 영광을 본다. 내가 하나님으로 인하여 즐거워하고 구원으로 인하여 감사하면 하나님은 나의 힘이 되어 나의 발을 사슴과 같게 하여 나를 높은 곳으로 인도할 것이다.

5. 말씀에 의지하여 사랑의 깊은 곳으로 나아가라

(마 25:31-45)

아프리카 밀림선교의 선구자 리빙스톤D. Livingstone은 25년 동안 정글 원주민들을 섬기는 헌신적 선교를 했다. 그는 은퇴 후에도 종종 아프리카 밀림으로 돌아가 여생을 보냈는데 공교롭게도 자기 생일날 선교지에서 무릎 꿇고 기도하다가 죽었다. 리빙스턴

이 죽은 지 삼 년 후에, 당대의 설교가인 드류몬드H. Drummond가 아프리카 선교 지를 찾아가서 원주민들, 특히 리빙스턴과 가까이 지냈던 사람들에게 물었다.

그가 당신들에게 무엇을 가르쳐주었습니까? 그에게 어떤 설교를 들었습니까? 그에게서 배운 내용이 무엇입니까? 그가 여러분에게 남긴 인상 깊은 교훈은 어떤 것들입니까? 그의 질문에 원주민들은 전혀 뜻밖의 대답을 했다. "우리는 그가 가르쳐준 성경공부 내용은 다 잊어버렸다. 설교 메시지도 다 잊어버렸다. 그러나 한 가지는 분명하게 기억한다. 그분은 우리를 사랑하였습니다. 그분이 우리에게 베푼 사랑은 결코 잊을 수 없습니다."

그렇다. 지식은 오래가지 못한다. 감동적으로 읽은 책의 내용도 머지않아 기억에서 사라지고, 주일마다 듣는 설교 내용도 며칠 안 가서 잊어버린다. 그러나 자기가 받은 사랑은 결코 잊지 못한다. 사랑은 영원하다. 사랑만이 오래오래 남는다. 그래서 사랑 없는 사역, 그것은 무의미하며 외형적으로 성공한 것 같으나, 내면적으로는 실패한 것이다.

바울 사도는 "내가 사람의 방언과 천사의 말을 할지라도 사랑이 없으면 소리 나는 구리와 울리는 꽹과리가 되고 내가 예언하는 능이 있어 모든 비밀과 모든 지식을 알고 또 산을 옮길만한 모든 믿음이 있을지라도 사랑이 없으면 내가 아무것도 아니요 내가 내게 있는 모든 것으로 구제하고 또 내 몸을 불사르게 내어줄지라도 사랑이 없으면 내게 아무 유익이 없느니라"(고전 13:1-3)고 사랑의 절대성을 절규했다.

시인 하이네는 "인생이 아름다운 것은 하늘에는 별이 있고, 바다에는 진주가 있고, 땅에는 꽃이 있고, 무엇보다 우리의 가슴엔 사랑이 있기 때문이다." 라고 노래한다. 사람이 가장 사람답고 아름답고 행복할 때는 사랑하며 사랑받을 때이다. 그것이 하나님이 디자인하신 우리의 인생이다.

그래서 무디 신학교 교장을 지낸 스위팅G. Sweeting 박사는 "인생 - 사랑 = 0"이라고 이야기하기도 하였다. 이렇듯 사랑은 우리의 인생에 있어서 매우 중요한 요소이다. 그래서 하나님을 믿지 않는 세상 사람들도 날마다 사랑을 말한다. 세상의 모든 노래의 90%는 사랑을 노래하고, 드라마에서는 절절한 순애보의 사랑이야기가 인기를 끌고, 사랑을 빼고는 어느 것도 이야기 할 수 없다.

그러나 그리스도인이라면 하나님의 자녀로 거듭나 비범한 일을 성취하고자 하는 사람이라면 세상 사람들이 말하는 피상적인 사랑이나 남녀 간의 사랑을 이야기하는 정도에 머물러서는 안 된다. 하나님께서는 태초에 에덴동산에 있을 때부터 지금까지 하나님의 자녀들을 향해 무조건적인 용서, 완전한 이해, 온전한 희생을 통해 우리를 끊임없이 사랑하고 계심을 보여주셨다. 그리고 그 사랑을 우리가 온전히 알고 누리며 다른 사람과 나누기를 원하신다. 우리는 말씀에 의지하여 더 깊은 사랑으로 나아가야만 한다.

성경은 요한일서의 3장 10절에서 24절 말씀을 통해 하나님의 자녀들이 사랑을 실천해야 함을 말하고 있다. 사도 요한은 사랑에 대해 "무릇 의를 행치 아니하는 자나 또는 그 형제를 사랑치 아니하는 자는 하나님께 속하지 아니하니라"(요일 3:10)라고 말한다. 사랑을 실천하지 않는 자는 하나님께 속한 자가 아니라고까지 말하고 있다. 즉, 다시 말하면 하나님께 속한 자라면 반드시 서로 사랑하는 일에 힘써야 한다는 것이다.

이것은 예수님께서 이 땅에 오셔서 우리를 위해 이미 본을 보이셨기 때문이다. "그가 우리를 위하여 목숨을 버리셨으니 우리가 이로써 사랑을 알고 우리도 형제들을 위하여 목숨을 버리는 것이 마땅하니라"(요일 3:16)라는 말씀처럼 예수님께서는 우리를 사랑하사 친히 이 땅에 오셔서 우리의 모든 죄를 대속하여 주심으로 우리를 구원하셨다. 그 사랑의 본을 본 우리들은 "말과 혀로만 사랑하지 말고 오직 행함과 진실함"(요일 3:18)으로 예수님의 가르침을 따라야 하는 것이다. 말과 혀로 누군가를 사랑한다고 하는 것은 누구나 할 수 있다. 그러나 그리스도인이라면 행함과 진실함으로 예수님이 보여주셨던 그 온전한 사랑을 다른 사람에게 전해야 할 의무가 있다.

그리스도인에게 사랑은 필연적인 것이다. 왜냐하면 사랑은 하나님께 속한 것이고 하나님 자체가 사랑이기 때문이다. 그래서 성경은 "사랑하는 자들아 우리가 서로 사랑하자 사랑은 하나님께 속한 것이니 사랑하는 자마다 하나님께서 나서 하나님을 알고 사랑하지 아니하는 자는 하나님을 알지 못하나니 이는 하나님은 사랑이심이라"(요일 4:7-8)라고 했다. 즉, 하나님을 아는 자는 사랑을 할 수 밖에 없고, 사랑하지 않는 자는 하나님을 아직 모르는 자라고까지 하고 있다. 이는 하나님이 우리에게 보여주셨던 조건 없는 사랑 때문이다. 하나님의 사랑은 독생자 예수를 이 땅에 보내심으로 나타난바 되었는데 이는 우리가 하나님을 사랑했기 때문이 아니라 오직 하나님께서 우리를 사랑하사 우리 죄를 위해 화목제로 예수님을 보내셨던 것이다(요일 4:10).

하나님께서 우리를 이렇게까지 사랑하셨는데 그 사랑을 아는 자들이라면, 그 구원의 감격을 아는 자들이라면 어찌 그 사랑을 나누고 전하지 않을 수 있겠는가? 그러기에 성경은 "사랑하는 자는 하나님을 알고 사랑하지 않는 자는 하나님을 알지 못한다"라고까지 하는 것이다.

성경은 "어느 때나 하나님을 본 사람이 없으되 만일 우리가 서로 사랑하면 하나님이 우리 안에 거하시고 그의 사랑이 우리 안에 온전히 이루시느니라"(요일 4:12)라고 하셨다. 또 "사랑 안에 거하는 자는 하나님 안에 거하고 하나님도 그 안에 거하시느니라"(요일 4:16) 하심으로 우리가 서로 사랑하며 이웃과 형제들을 위한 사랑을 실천할 때 하나님께서 온전히 우리와 함께 하시고, 그 사랑을 온전케 하심을 알려주셨다.

우리가 하나님을 알고 하나님의 사랑을 아는 것과 형제와 이웃을 향한 사랑의 실천은 서로 뗄 수 없는 것이다. 이는 하나님과 나의 수직적 사랑의 관계와 인간과 인간 사이의 수평적 사랑의 관계가 서로 상호 보완적 역할을 하며 십자가의 사랑을 온전히 이룸을 말하는 것이다. 성경은 우리가 사랑하며 살 수 있는 근본을 가르쳐준다. 예수님은 하나님의 본성을 따라 모든 문제를 사랑으로 푸셨다. 이것이 그 당시 종교 지도층이었던 바리새인들과의 근본적인 차이점이다. 그들은 원리원칙에 능숙하였다. 그래서 쉽게 비판하고 단죄하고 정죄하였던 그들에게 율법은 있었으나 사랑은 없었다. 그러나 예수님은 모든 것을 사랑으로 푸셨다. 간음하다가 현장에서 잡힌 여인을 즉결처형 하자는 바리새인들에게 "너희 중에 죄 없는 자가 먼저 돌로 치라"(요 8:7)라고 말씀하시므로 여인을 구원하신다. 수치와 상처로 고통당하고 있는 그 여인에게 "나도 너를 정죄하지 않는다"(요 8:11)라고 말씀하시므로 근본적인 치유를 해 주시는 것을 볼 수 있다. 사랑으로 해방시켜주시고, 치유해주신 것이다. 사랑만이 최고의 해법이다.

사람의 마음을 사랑으로 녹여야 한다. 사랑만이 묘약이다. 사랑으로 이겨야 한다. 하나님의 본성은 사랑이다. 그러니 우리가 사랑하는 삶을 살수록 그리스도인의 삶의 목표인 예수님을 닮아가고 예수님의 능력이 나타난다.

세계적인 베스트셀러 『사랑의 묘약』이라는 책을 쓴 의사 에멧 트 팍스는 이렇게 격려한다. "예수 십자가 사랑으로 충만할 수 있다면, 당신은 세상에서 가장 건강한 사람입니다." 사랑으로 푸는 사람이 대인이요, 사랑으로 이기는 사람만이 진정한 승자다. 사랑의 삶을 살수록 예수님의 본성을 닮아가고 예수님의 능력의 은사가 나타난다. 모든 성령의 은사 성령의 나타남은 사랑의 마음만큼 크고 강하게 역사한다. 믿고 구하는 대로 주시는 하나님에게 사랑의 마음을 달라고 간절히 구하자.

6. 말씀에 의지하여 주라(눅 6:38; 관심, 칭찬, 꿈, 시간, 마음, 물질)

우리는 지금까지 인생을 살아오면서 얼마나 많은 것들을 받았는지 생각해 보자. 그리고 누군가에게 준 것들은 얼마나 많은지 생각해 보자. 혹시 받은 것보다 준 것이 훨씬 더 많다고 생각하는가? 우리가 인생을 살면서 받은 것보다 남에게 준 것이나 잃은 것, 빼앗긴 것이 많다고 생각하는 사람은 적자 인생을 산 것이다. 남에게 준 것이나 잃은 것, 빼앗긴 것보다 받은 것이 훨씬 더 많다고 여기는 사람은 흑자 인생을 산 것이다. 그러나 적게 받았는데 많은 것을 주었다고 말할 수는 없는 것이며, 받은 것 없이 주기만 했다고 말할 수는 없다. 왜냐하면 남에게 준 것, 잃은 것, 빼앗긴 모든 것들은 예외 없이 누군가에게 받은 것들이기 때문이다. 그리고 지금 가지고 있는 것들은 그렇게 하고도(주고, 잃고, 빼앗기고) 아직도 남아 있는 것이 있으니 생각해보면 우리의 인생은 적자가 아니라 흑자로 살아가고 있는 것이다.

『사랑과 인생의 아포리즘 999』이라는 책을 집필한 시인 김대규 씨는 사랑의 십계명을 이렇게 소개하고 있다. "계산하지 말고, 후회하지 말고, 되돌려 받으려고 하지 말고, 조건을 달지 말고, 다짐하지 말고, 기대하지 말고, 의심하지 말고, 비교하지 말고, 확인하지 말고, 상황에 맡기라." 즉, 계산하거나 후회하거나 기대하지 말고 무조건 나누어줄 때 좋은 열매가 나타날 것이라는 말이다. 자기가 좋아하는 사람, 내게 잘하는 사람만 사랑하는 사람은 작은 사람이고 나와 상관이 없는 사람, 더 나아가서는 원수까지라도 사랑할 수 있고 베풀 수 있고 대접할 수 있는 사람은 큰 사람이며 누구를 만나든지 항상 주려고 하는 마음을 가지는 사람은 복 받을 사람이다.

옛날 희랍에 전제국가의 한 왕이 있었는데 그는 태평성대를 누리면서 호색에 탐닉하며 자기를 더 즐겁게 하기 위하여 큰 상금을 걸고 쾌락과 행복의 도를 더 높이는 방법을 세상에 널리 구하고 있었다. 그는 자신이 하고 싶은 일을 다 해 보았고 가지고 싶은 것 다 가져 보았지만 만족하지 않았다. 날마다 더 큰 행복, 더 큰 즐거움을 간구했지만 불만과 갈증은 날로 더 가중 되어가기만 했다.

그러던 어느 날 한 소녀가 왕께 나아와 기뻐할 수 있고, 행복할 수 있는 비결을 말하겠다면서 당돌하게, 꾸짖는 얼굴로 이렇게 말하는 것이었다. "왕은 절대로 행복할 수 없습니다. 기쁨을 단념하십시오. 정말 행복을 원하신다면 다른 사람을 먼저 행복하게 하십시오. 그래야만 왕이 행복할 수 있을 것입니다." 이 말에 왕은 숙연해 지고 한참 생각 끝에 다음과 같은 말을 했다. "소녀여! 그대의 말이 옳도다." 그리고는 그 소녀에게 많은 상을 주었다고 한다. 그렇다. 행복이란 상대를 행복하게 할 때 내가 행복해지는 아이러니 한 것이다.

오연호 현 오마이 뉴스 신문사 사장은 대학생 때부터 철저하게 반미주의자였다. 그는 미국사람들이 한국에 와서 잘못한 것을 찾아 발표하는 일이 자기 사명이라고 생각해 그런 일들을 전부 취재해서 책을 4권이나 썼다. 이렇게 철저한 반미주의자였던 그는 소련도 망하고 사회주의도 망하고, 유럽이나 일본도 쇠퇴하는 가운데 왜 미국이 계속 일등국이 되는가에 의문을 가졌고 이 문제에 대한 답을 얻기 위해 미국 유학을 갔다가 중요한 사실을 깨닫게 되었고 그 때 집필한 책이 『한국이 미국에게 당할 수밖에 없는 이유』라는 책이다. 그는 이 책에서 미국이 계속 일등국인 이유를 미국의 발런티어Volunteer, 자원봉사자 정신에서 찾았다.

발런티어는 "자원봉사자"를 말한다. 적어도 미국사람이라면 일주일에 몇 시간, 한 달의 며칠은 자원봉사를 해야 되는 줄 알고 있고 이것을 못하면 사람 구실을 못하는 것으로 알고 있다. 봉사하기 위해서 훈련을 받기도 하고, 자기 삶이 어렵거나 가난하거나 상관없이 적어도 몇 시간은, 그리고 며칠 동안은 꼭 자원봉사를 해야만 된다고 생각한다. 그래서 미국에서는 일 년에 4천만 명이 자원봉사에 나선다고 한다. 저자는 나눔의 행복을 아는 한 미국은

망하지 않는다는 판단을 하고 미국에서 신앙을 얻은 다음 이 책을 쓰게 된 것이라고 한다.

행복이 무엇인지, 행복의 길이 어느 길인지 모르기에 우리는 영원히 불행할 수밖에 없는 것이다. '주는 자와 받는 자' 어느 쪽이 더 행복할까? 어느 쪽이 더 기쁠까? 어디에 더 큰 행복이 있는 것일까? 자문자답해 보자. 그저 받는 것만 복이 있고, 더 가지는 것만이 복이 되는 것은 결코 아니다. 체면 때문에, 무엇 때문에 할 수 없이, 자식에게 주는 것까지도 강도 만나는 마음으로 주고, 한평생 빼앗기는 마음으로 사는 사람들이 있다.

주는 자의 기쁨을 모르는 사람이 있다면 불행한 사람이고, 그의 일생은 실패한 인생이다. 행복은 더불어 나누는 것이기에 이기주의자는 절대로 행복할 수가 없다. 인생을 살면서 나만 행복할 수는 없다. 바로 앞에 어려운 사람이 있는데 내가 행복할 수 없고, 굶주리는 사람을 보면서 내 입맛이 동하지 않고, 사랑하는 사람이 죽어 가는 것을 보면서 내가 평안할 수 없는 것이다.

그래서 성경은 "주는 것이 받는 것보다 복이 있다"(행 20:35)고 말한다. 사람은 반드시 더불어 행복하게 되어 있고, 주고받는 관계 속에 참 행복이 있다. 어차피 우리는 주고받고 사는데 '받는 자와 주는 자' 어느 쪽이 되고 싶은가? 어느 쪽이 되어야 좋겠는가? 위로 받기보다는 위로를 줄 수 있고 도움을 받기보다 도움을 주는 것이 복이다. 병문안을 받는 것과 병문안을 가는 것 중에 어느 것을 복이라고 생각하는가? 아플 때 병문안을 받는 것은 물론 기쁜 일이다. 그러나 병문안을 받는 것은 작은 복에 불과하다. 오히려 병문안을 가는 것이 더 큰 복이다. 왜냐하면 그 사람은 중요한 건강을 소유하고 있기 때문이다. 그러므로 우리는 주는 자가 되어야 하며 주는 자가 된 것을 기뻐해야 한다. 주는 자가 복이 됨을 경험하며 산다면 우리는 진정 행복하고 성공적인 인생이 될 것이다.

주는 것이 복이 되는 이유는 주는 것의 바탕은 사랑이기 때문이다. 그래서 주는 것을 좋아하고 대접하는 일에 열심인 사람들이 모여 있는 곳은 언제나 사랑이 넘치게 된다. 하나님은 우리에게 사랑이 무엇인지 보여주셨다. 사랑은 섬기는 것이고, 대접하는 것이고, 주는 것이다. 마음을 주고 시간을 주고 물질을 주고 나아가 사랑하기 때문에 생명까지라도 바치는 것이 사랑이다. 대부분의 사람들은 돈이 많으면 많을수록 행복할 것이라고 생각한다. 또 공부를 많이 하고 출세를 하면, 인기가 많고 유명해질수록 더욱 행복해질 것이라고 생각한다. 물론 이런 것들이 일시적으로 사람을 행복하게 해 줄 수도 있을 것이다.

그러나 진정한 행복은 이런 것에 있지 않다. 다른 사람을 행복하게 하고 성공하게 하고 다른 사람을 기쁘게 하고 대접하며 사는 것이 진정 행복이다.

물론 받는 것도 복이다. 다른 사람의 친절이나 호의도 잘 받아드릴 줄 아는 것도 축복이다. 대접을 잘 받아본 사람들이 남을 대접할 줄도 안다. 하나님의 자녀는 주님의 놀랍고 엄청난 사랑을 받은 축복 받은 사람들이기 때문에 위로부터 부어진 하나님의 사랑을 다른 사람에게 전할 수 있는 것이다. 그러므로 받는 것도 축복이다.

자녀들은 부모의 사랑을 받아야 하고, 아내들은 남편사랑을 받아야 하고, 직장에서도 사장의 사랑을 받는 것이 중요하다. 교회에서도 목회자의 신뢰와 사랑을 받아야 하고, 목회자는 교인들의 사랑과 존경과 인정을 받아야 한다. 다만 받는 것보다는 주는 것이 더 복이 있다는 말이다. 얻는 자 보다는 베푸는 자가 더 복된 사람이라는 말이다. 왜냐면 하나님이 보시고 몇 백배로 갚아 주시기 때문이다. 하나님께서 몇 백 배로 갚아 주시기 때문에 줄 수 있고 행복한 것이다. 내 힘으로 주려고 하고, 내가 가진 것으로만 주려고 하면 그것은 소멸되고 내 힘에 버겁게 되어 부담이 된다.

강물이 위에서 아래로 흐르듯 내가 주는 것이 아니라 하나님께서 내게 부어주신 것을 다른 사람들에게 흘려보내는 축복의 통로가 되어 주는 기쁨을 온전히 누리자.

그러면 왜 주는 자가 더 행복하고 성공적인 인생을 살 수 있게 되는 것일까? 그것은 줄 수 있다는 것은 내 인격이나 신앙이 성숙해졌다는 것을 의미하기 때문이다. 어린아이는 자기중심적이지만 어른은 다른 사람을 생각하면서 행동한다. 어린아이는 자기 입만 알지만 어른은 부모의 입도 이웃의 입도 생각하며 산다. 철부지 때는 달라는 소리로 일관하지만 자꾸 커가면서 달라는 소리가 조금씩 줄어드는 것을 볼 수 있다.

서른, 마흔 살이 되도록 부모에게 어린아이처럼 계속 달라고만 한다면 그것은 아직도 육체적으론 어른이지만 인격적으로는 어린아이 자리에 머물러 있다는 증거다. 그래서 어떤 철인哲人은 "인간이 가장 아름다운 순간은 받으려는 이기심을 극복하고 베푸는 때라"고 했다.

그러므로 인간이 자기의 것을 하나님께 드린다는 것은 그의 신앙이 그만큼 성숙했음을 말해주는 것이다. 줄 수 있는 마음과 베푸는 태도가 바로 그의 인격과 신앙의 바로미터가 된다. 우리의 삶이 성숙한 사람처럼 받는 자가 아니라 주는 자로 삶의 태도를 바꾸고 그것이 참된 행복임을 깨닫게 될 때 성공적인 인생을 살 수 있게 된다.

주는 것은 참된 기쁨을 선물하기 때문에 더 행복한 것이다. 자녀들을 위하여 선물을 준비하는 부모들의 기쁨은 선물 받는 자녀보다 더 큰 것이다. 젖을 주는 어머니의 보람과 기쁨은 젖을 빠는 어린아이보다 더 흐뭇한 것이다. 받는 것이 외형적 기쁨이라면 주는 것은 내면적인 기쁨이다. "폴 투르니에"란 유명한 심리학자는 "선물을 주는 것은 사실상 다른 사람에게 주는 것이 아니라 곧 자신에게 주는 것이다"란 말을 했다.

또 우리는 주는 것을 통하여 주님과 천사를 대접 하는 축복을 받게 된다. 아브라함은 평소에 손님은 극진히 대접하다가 천사를 대접하는 축복을 받았다. 그래서 히브리서 13장 1절과 2절에 "형제 사랑하기를 계속하고 손님 대접하기를 잊지 말라. 이로써 부지 중에 천사들을 대접한 이들이 있었느니라"고 말씀하고 있다.

가장 중요한 것은 하나님은 주기를 좋아하는 자를 축복의 통로로 크게 쓰신다는 것이다. 예수님이 이 땅에 계실 때 제일 싫어했던 사람들이 바로 서기관과 바리새인들이인데 그 이유는 그들은 주는 사람이 아니라 받기만 좋아하는 사람들이었다. 시장에서 인사 받기를 좋아하고, 상좌에 앉아서 대접받기를 좋아하고, 많은 사람들에게 칭찬 받기만 좋아한 사람들이다.

이들을 위해서 예수님께서 "너희 중에 큰 자는 너희를 섬기는 자가 되어야 하리라"(막 10:43)고 말씀하셨다. 교회에도 간혹 직분을 권력으로 알고 받기만 하려는 사람들이 있다. 그러나 교회 직분은 대접받기 위한 것이 아니고, 더 섬기고 더 사랑하고 더 베풀기 위해서 하나님이 내게 주신 귀한 자리인 것을 우리는 깨달아야 한다.

하나님은 "주라 그리하면 너희에게 줄 것이니 곧 후히 되어 누르고 흔들어 넘치도록 하여 너희에게 안겨 주리라"(눅 6:38)라고 말씀하신다. 이 말씀은 우리가 다른 사람에게 주면 성삼위 하나님께서 후히 되어 누르고 흔들어 넘치도록 주신다는 말씀이다. 우리에게 진정한 기쁨이 없고 진정한 행복이 없다면 그건 자신의 유익과 자신의 기쁨, 행복만을 추구하기 때문이다. 나눔의 기쁨을 알지 못하는 사람은 진정한 기쁨과 행복을 누릴 수가 없다. 사실 누군가에게 무엇인가를 줄 수 있다는 것 자체가 복이다. 아무리 주고 싶어도 가진 것이 없으면 줄 수가 없다.

남을 도울 수 있는 건강과 남에게 줄 수 있는 물질이 남아 있다는 것은 얼마나 감사한 일인가! 사실 구제 받는 사람보다 구제하는 사람이 더 복이 있는 사람이다. 아무리 주고 싶어도 받을 사람이 없으면 줄 수가 없다. 더구나 나를 통해 다른 사람에게 하나님의 축복이 전달되는 축복의 통로로 쓰임 받으니 이 얼마나 큰 축복인가!

우리 모두는 주님이 쓰실 수 있는 그릇이 되어야 한다. 필요 없는 그릇, 진열장에만 진열해놓은 그릇이 되지 말고, 매일 쓰임 받는 그릇이 되어야 한다. 그러기 위해서 받는 것보다 베풀고 바치고 드리는 것을 더 우선할 수 있는 행복한 사람들이 되어야 한다. 그렇기 때문에 항상 남을 먼저 대접하면 내가 대접을 받는다는 것을 잊지 말아야 한다. 남에게 친절을 베풀면 내가 친절을 받게 되고 사랑을 베풀면 사랑을 받게 되는 것이다. 하나님의 위대한 역사는 남에게 줄 줄 아는 사랑의 사람을 통해 이루어진다(마 25:31-45).

7. 말씀에 의지하여 복음을 전파하라(딤후 4:2; 막 16:15-20)

영국의 존 스토트John Stott 목사는 『전도하지 않는 죄』란 책에서 "복음을 말하지 않는 침묵은 죄에 해당 된다"고 지적했다. 또

반 하우스Van Haus 신학자는 현대의 기독교인을 "자폐증"에 걸렸다고 말했다.

자폐증은 좌신경 호르몬 계통의 이상으로 생기는 장애로 자폐증환자는 의사소통을 잘하지 않는다. 다른 사람과 사귀지 않고 자신을 표현하지 않은 채 자신만의 세계 안에 갇혀 산다.

그렇다면 그리스도인들이 자폐증에 걸렸다고 한 의미는 자신이 믿고 있는 예수가 구원자이며, 소망이라는 사실을 다른 이에게 전하지 못하는 약한 모습을 말하는 것이다. 전도는 하나님의 비전이요, 축복의 통로다.

'전도'는 한 사람을 교회에 데려오는 그런 차원의 문제가 아니다. 전도라는 말 속에는 더 깊고 크고 원대한 하나님의 뜻과 계획과 섭리가 들어 있다. 하나님은 한 영혼이 구원받는 일을 온 천하보다 귀하게 여기신다고 했다. 성경은 탕자의 비유(눅 15:11-14)를 통해 한 영혼이 돌아오기를 고대하고 계시는 하나님의 마음을 표현하고 있다. 또 동전의 비유(눅 15:8-10)에서도 잃어버린 한 영혼을 찾으려는 하나님의 마음을 그대로 표현하고 있다. 잃은 양의 비유(눅 15:3-6)에서는 그 심정이 더 절절하게 나타나 있다. 하나님은 온전한 양 99마리를 놓아두고 잃어버린 한 마리 양을 찾아서 온 들을 헤매는 목자의 모습으로 표현하고 있다. 그 목자의 모습이 곧 하나님의 마음이고 심정이다.

전도는 한 사람을 데려와서 교회를 부흥시키자는 차원이 아니다. 전도는 그보다 훨씬 더 근본적인 문제다. 하나님을 떠나 죄악의 빠져 살고 있는 주의 자녀들을 구원하사 그 영혼들이 멸망당하지 않고 하나님의 자녀로서의 주권을 회복하고 복되게 살도록 하는 것 그것이 바로 하나님의 가장 큰 관심이다.

예수님이 승천하시기 직전에 제자들에게 마지막으로 "너희는 온 천하에 다니며 만민에게 복음을 전하라 믿고 세례를 받는 자는 구원을 받을 것이요 믿지 않는 자는 정죄를 받으리라"(막 16:15-16)라고 말씀 하셨다. 지금 예수님은 지상의 사역을 모두 끝내고 승천하시는 순간이다. 그 마지막 순간에 제자들에게 하신 말씀이 온 천하를 다니며 만민에게 복음을 전하라. 곧 전도하라는 말씀이었다. 그만큼 전도는 예수님의 가장 중요한 사역이며, 우리에게 주신 지상 명령인 것이다.

예수님이 이 세상에 오셔서 하신 사역을 세 가지로 요약할 수 있는데 하나는 가르치는 사역이다. 예수님은 3년 동안 많은 교훈을 남기셨다. 특히 산상수훈은 길이 남는 예수님의 교훈이다. 두 번째는 고치시는 사역이다. 예수님은 공생애 3년 동안 많은 사람들을 고치셨다. 육신의 병, 정신의 병, 마음의 병, 영적인 병 등 예수께 온 병자들은 다 고쳐서 보내셨다.

복음서에 나타난 병자들은 모두 원초적인 병자들이었다. 태어나면서부터 병자 된 앉은뱅이, 혈루병자, 나병환자, 소경, 귀신들린 자 등 모든 병자들을 고치셨다. 참으로 큰 사역이었다. 누구도 예수께 와서 그냥 돌아간 사람이 한 사람도 없다. 그리고 세 번째는 전파하는 사역이다. 예수께서 많은 병자들을 고치셨지만 그것이 예수님이 오셔서 하실 사역의 목적은 아니었다. 예수님의 진정한 사역은 복음전파였다.

그래서 예수님은 오셔서 천국을 전파하시고 하나님의 의를 전파하시고 이 세상을 향한 하나님의 뜻을 전파하셨다. 그리고 사역을 마치고 십자가에 못 박혀 죽으신 후 부활하셨다가 승천하시는 날 그 마지막 시간에 예수님은 제자들에게 또 마지막으로 부탁을 하신 것이다.

> "너희는 온 천하에 다니며 복음을 전파하라 믿고 세례를 받는 사람은 구원을 받을 것이요 믿지 않는 사람은 정죄를 받으리라" (막 16:15-16)

이것이 바로 전도다. 전도는 신앙의 핵심이요, 그리스도인의 존재 목적이다. 전도는 그리스도인의 사명이고 교회의 사명이고 하나님의 궁극적인 사역이다. 그러므로 우리의 관심사가 전도에 초점이 맞추어져야 한다. 그것이 이 세상의 그리스도인들 모두에게 주어진 사명이며 이 세상 끝 날까지 중단하지 않고 해야 할 과제인 것이다.

전도는 '온 백성에 미칠 큰 기쁨에 좋은 소식을 전하는 일'이다. 천사가 목자들에게 말할 때 "온 백성에게 미칠 큰 기쁨에 좋은 소식을 전하노라" (눅 2:10)고 했다. 전도는 '구원의 소식' (예수)을 전하는 일이다. 말하자면 최상의 소식을 전하는 일이다. 전도는 이 세상에서 가장 좋은 소식을 전해주는 일이라는 점을 알아야 한다. 당신이 살다가 가장 기쁜 소식이 있을 때 누구에게 먼저 전하는가? 아무에게나 전하지 않을 것이다. 그때는 가장 가까운 사람, 가장 소중한 사람에게 먼저 전하게 될 것이다. 전도가 그렇다는 것이다.

그래서 복음을 Good News 즉, '복된 소식'이라고 말하는 것이다. 이 세상에 '부활, 영생, 천국' 그 보다 더 신나고 더 기쁜 소식이 어디 있겠는가? 영원히 죽지 않는 삶은 부활의 삶이고 천국의 삶이다. 영원히 죽지 않고 구원받는 소식이 있다면 그 소식보다 더 좋은 소식이 세상에 어디에 또 있겠는가. 이 세상에서 이 보다 더 신선하고 감격적이고 복되고 영광스런 일은 없다. 그래서 복음이 Good News인 것이다. 그래서 주님은 마지막 당부로 제자들에게 그리고 이 세상의 모든 그리스도인들에게 전도하라는 부탁을 마지막으로 남기고 승천하셨다.

사실 오늘날 전도하는 일은 결코 쉽지 않다. 복된 소식을 전해주러 갔는데 때로는 멸시받고 천대받기도 한다. 무슨 외판원이나 귀찮은 방문객 취급을 당하기도 한다. 그럼에도 전도를 멈춰서는 안 된다.

스탠리 존스라는 인도 선교사가 아무리 복음을 전해도 받아들이지를 않아 지쳐서 쓰러져 있을 때 하나님의 음성이 들려왔다.

"왜 쓰러져 있느냐?"

"아무리 전해도 사람들이 믿지를 않습니다."

그때 하나님이 이렇게 음성을 들려 주셨다는 것이다.

"이 사과나무를 보라, 햇볕이 뜨겁게 비추고 농부가 거름을 주면 7년 후 열매를 맺느니라, 지금 열매 없다고 낙심하지 말아라."

오늘날 순순히 전도 받고 교회에 나오는 사람이 있다면 그것은 기적이다. 그것은 모래사장에서 진주를 캐낸 것과 같은 일이다.

그래서 전도는 쉽지 않다는 것을 알아야 실망하지 않는다. 그러나 그럼에도 불구하고 전도는 끝까지 최선을 다 해서 해야 할 일이다. 전도가 힘들다고 도중에 포기하고 중단해서는 안 된다. 사과나무를 심고 며칠 기다리다 열매가 안 열린다며 거름주기를 멈춘다면 그 사람은 절대 열매를 수확할 수 없다. 아무 진전이 없고, 아무 변화가 없는 것 같은, 그저 거름만 주어야 하는 긴 시간이 지나고 나면 비로소 열매가 맺혀 지는 것이다.

"너는 말씀을 전파하라 때를 얻든지 못 얻든지 항상 힘쓰라"(딤후 4:2)고 했다. 전도는 그리스도인들이 이 세상에 존재하는 목적이다. 다음의 두 이야기는 마지막까지 복음을 전하는 그리스도인의 아름다운 모습을 보여준다.

미국의 유명한 필립 부룩스 목사는 임종을 앞두고 일체 면회를 사절하였다. 그런데 뜻밖에도 법률가 잉거솔 씨의 방문을 허락하였다. 잉거솔 씨는 브룩스 목사를 임종 시간에 만난 유일한 사람이었다. 그래서 그는 목사님에게 "이렇게 나를 만나게 해 주셔서 감사합니다."하고 인사했다. 브룩스 목사는 잉거솔 씨의 손을 꼭 잡으면서 조용히 말했다. "여보게 잉거솔 씨, 다른 사람들과는 모두 천국에서 다시 만날 것 같아서 특별히 만나지 않았는데 당신과는 아무래도 천국에서 다시 만날 것 같지 않아서 이렇게 면회를 허용했네." 이 목사님은 마지막 임종 순간까지 전도를 했다. 마지막 순간까지 전도하는 모습이 참으로 신실하고 아름답다.

타이타닉 호가 침몰한지 4년이 지난 후에 한 젊은이가 어느 모임에서 간증을 했다.

"나는 그때 타이타닉 호에 타고 있었다. 부서진 파편 조각을 붙잡고 표류하고 있을 때 내 곁에 함께 표류하고 있던 존 하퍼 목사님께서 내게 물었다.

'자네 예수 믿는가?'

'아니요'

그때 다급한 목소리로 '예수 믿으세요.' 하고 파도에 휩쓸려 물속에 잠겼다가 한참 후에 다시 물 밖으로 나왔을 때 또 다시 물었다.

'이제는 예수를 믿는가?'

'아니요.'

'꼭 예수를 믿으세요.'

그리고 목사님은 파도에 휩쓸려 물속으로 들어간 후 다시는 나오지 않았다. 나는 그 '존 하퍼 목사님이 전도한 마지막 사람입니다'하고" 고백하였다.

그런 순간에 죽어가면서도 심각하게 전도하는데 그 전도를 거부할 수가 있겠는가? 그 결과 그 젊은이가 살아나서 예수를 영접하게 되었고 또 그 젊은이는 다니면서 예수를 전하고 간증하는 전도자가 된 것이다. 그래서 전도는 끝까지 해야 할 일인 것이다.

전도는 내가 한다고 생각하면 안 된다. 나는 도구로 사용될 뿐이다. 내가 사람들을 교회로 인도해서 주님께로 안내만 하면 그의 영혼을 열어 결신하게 하시고 구원받게 하는 일은 하나님이 하시는 일이다. 나는 심을 뿐이고 물을 줄 뿐이지 자라나게 하고 꽃이 피게 하고 열매 맺게 하는 일은 나의 소관이 아니다. 또 내가 할 수도 없는 일이다. 그 일은 하나님이 하실 일이다. 우리는 씨를 뿌리고 물주고 가꿀 뿐이다. 길거리에서 전도지 나누어 주는 모습을 보고 사람이 생각하기를 '저렇게 한다고 누가 믿을까'하고 생각한다. 어떤 그리스도인은 오늘 이 시대에도 저런 전도를 하고 있다고 비웃는 사람들도 있다. 그것도 교만한 걱정이다. 그 모습을 보고 사람들이 믿고 안 믿고 열매 맺고 안 맺고는 우리들이 걱정할 일이 아니다. 우리들은 때를 얻든지 못 얻든지 방법이 좋던지 안 좋던지 오늘 열심히 씨를 뿌리고 물만 주면 된다. 그러면 그 이상의 것은 하나님께서 하실 일이다.

인도에서 있었던 일이다. 어떤 사람이 철길에서 기차가 다니는 레일 위에서 자살하려고 누웠다. 건너편 철길에서 기차가 오는 소리가 났다. 그때 기차 안에서는 누군가 전도지를 들고 전도를 하고 있었다. 어느 힌두 교인이 전도지를 받자마자 찢어서 창문 밖으로 던져버렸는데 그 찢긴 전도지가 창밖으로 바람에 날려 퍼져 버렸다. 그때 죽으려고 레일을 베고 누워있던 사람의 얼굴로 쪽지 하나가 날아가다가 떨어졌다. 그 쪽지에는 "주 예수를 믿으라 그러면 너와 네 집이 구원받으리라"는 문구가 적혀 있었다.

그 문구를 읽는 순간 성령이 강하게 역사하사 그 마음을 어루만지시고 영혼의 눈을 활짝 열게 하셨다. 그것으로 그 사람은 복음을 믿게 되었고 목숨을 구했다. 이것이 바로 하나님의 역사다. 모든 일은 하나님이 하시니 우리는 그저 씨만 뿌리면 되는 것이다.

전도가 어렵다고는 하나 어느 기회든지 선한 목적과 뜻을 가지고 복음을 전하면 전도는 반드시 된다. 문제는 나의 신앙 자세에 있다. 내 안에 누구에게든지 복음을 전하고 싶어 하고 전하고자 하는 마음이 있느냐의 문제이다. 내 마음에 그런 의지가 있다면 전도는 얼마든지 할 수 있다. 어떤 특정한 사람만 할 수 있는 것도 아니고 특정 사람만 해야 되는 것도 아니다. 전도는 예수님이 우리 모두에게 맡겨주신 사명이다. 그러므로 그리스도인으로서 전도하지 않는 것은 맡겨진 책무를 다하지 않는 것이다.

봅 그레이 박사는 항상 전도에 관심을 갖고 살았는데 이른 아침에 기도하면서 오늘도 한 영혼을 구원케 해 달라고 기도했다. 그리고 차를 타고 달려가는데 고속도로변에서 한 젊은이가 손을 들며 차를 태워달라고 했다.

그런데 성령께서 "저 사람이다"고 말씀하자 박사는 차를 멈추어 그를 태웠다.

"어디로 갑니까?"

"시내로 갑니다."

"오늘 어디 가느냐는 뜻이 아니라 당신이 죽을 때 어디로 가느냐는 뜻입니다."

"그런 것에 대해서는 생각을 안 해 봤습니다."라며 무관심한 듯 말했다. 그레이 박사는 좀 더 관심을 가지게 한 다음에 의도적으로 물었다.

"잠깐 차를 세우고 이 문제를 설명해드려도 괜찮겠습니까?"

"좋습니다."

"하나님의 초청에 응하십시오. 그리고 그리스도를 당신의 구주로 영접하세요."하고 같이 기도하였다. 기도를 마친 후 그 젊은이는 눈물을 닦더니 손을 깊숙이 넣어 권총 한 자루를 내놓았다.

"선생님, 제가 차를 멈출 때 저를 태워주는 사람을 이 권총으로 쏴 죽이고 차를 빼앗아 타고 시체를 다른 주로 가서 묻어 버리려고 했습니다."

봅 그레이 박사는 영혼을 하나님께로 초청하였을 뿐 아니라 당장 그 보상을 받은 것이다.

오늘날 우리 주변에서 일어나고 있는 수많은 범죄들, 그 중 누군가는 당신이 전해줄 복음을 기다렸을지도 모른다. 우리 주변에서 복음을 기다리고 있는 사람들, 삶이 자유롭지 못하고 삶이 공허하고 불안하고 뒤틀려 있는 사람들, 그래서 인생의 자리에서 악을 쓰고 있는 이웃들, 그들이 느끼는 삶의 절망에 우리의 책임은 없는 것일까? 먼저 하나님의 자녀 된 자로서 믿지 않은 자들에게 복음을 전하는 책무를 게을리 하지 말자. 하나님은 당신이 주의 복음을 전하는 나팔 꾼이 되기를 원하신다.

8. 말씀에 의지하여 하나님의 사람을 키우라(마 28:18-20)

하나님의 사람들은 후대의 사람들을 하나님의 사람들로 키우는 것이 행복이고 성공이다. 자녀뿐만 아니라 좋은 성품과 재능을 가졌지만 여러 가지 어려움 가운데 있어 도움이 필요한 사람들을 기도로 물질로 마음으로 후원하며 믿음과 사랑으로 그들을 하나님의 사람으로 키울 수도 있다.

야곱은 자녀 요셉을 하나님의 사람으로 키웠다. 야곱은 벧엘에서 만난 약속의 하나님(창 28:10-22), 삼촌 라반의 집에서 역사하신 하나님(창 29:1-31:55), 얍복 강에서 만난 체험적 하나님(창 32:24-32)을 자녀들에게 전하면서 요셉을 하나님의 사람으로 키웠다.

모세는 자신의 시종인 여호수아와 동거 동행하면서 하나님을 경외하고 하나님께 절대 복종하며 이스라엘 백성 위에 역사하는 하나님을 경험케 하면서 이스라엘 백성을 가나안으로 인도하는 지도자로 키웠다.

나오미는 룻에게 하나님을 전했는데 하나님의 섭리와 성령의 역사하심으로 하나님께서 보아스를 만나게 하심으로 하나님 나라에 큰 기둥으로 키웠다. 엘리야는 엘리사를 선택하여(열상 19:19-21) 능력 있는 하나님의 사람으로 키웠다. 예수님은 12제자들을 선택하여 말씀과 성령을 통해 세계의 역사를 변화시키는 사람들로 키웠다.

이렇듯 성경의 많은 인물들이 하나님의 사람들을 키움으로 하나님의 역사가 중단되지 않고 더 크게 역사될 수 있도록 하였고, 그로 인해 더 큰 축복이 임했다.

먼저 하나님의 자녀 된 자로서 또 다른 하나님의 사람들을 키우는 것은 참으로 큰 축복이다. 목회에 큰 성공을 거두지 못했던 킴볼 목사에게는 어린 학생 디엘 무디를 만나 세계적인 복음 전도자로 키울 수 있었던 것이 큰 축복이었다. 셀리반 선생이 헬렌 켈러를 수많은 사람들에게 선한 영향력을 끼친 신앙인으로 키운 것은 그의 생애에 잊을 수 없는 축복이었다.

뜻을 이루지 못하고 고국으로 돌아가던 미국 선교사가 시골 벽촌에 살던 어린 학생을 미국으로 데리고 가서 물질로 후원하고 신앙으로 돌봐 대한민국 초대 참의원 의장을 하고 연세대 총장을 역임했던 백낙준 박사로 키워 국가에 공헌케 한 것은 잊을 수 없는 그의 축복일 것이다. 한국전에 참전했던 한 미군 하사가 김장환 목사를 물질로 후원하고 믿음과 사랑으로 키워 세계 침례 교단 연맹 총회장이 되는 세계적인 인물로 키운 것은 그에게 큰 축복이었을 것이다. 이렇듯 하나님의 사람을 키우는 것은 양육자나 양육을 받는 자 모두에게 축복이 되는 은혜로운 일이 아닐 수 없다.

축복된 일을 온전히 이루기 위해 하나님의 사람을 키우는 데 있어 우리가 기준으로 삼아야 할 것이 있다. 먼저 하나님의 시각을 가져야 한다. 성경은 "사람은 외모를 보거니와 나 여호와는 중심을 보느니라"(삼상 16:7)라고 했다. 외모란 잘 생기고 못 생기고, 키가 크고 작고, 풍채가 좋고 나쁘고 만을 말하는 것만이 아니다.

외모를 보지 말라는 것은 외형적인 것 즉, 가문이 좋은 것, 학벌이 좋은 것, 직업이 좋은 것, 물질이 많고 권력이 높은 것을 선택의 기준으로 삼지 말라는 것이다. 중심을 보라는 것은 하나님의 섭리, 은사, 성령의 역사하심, 성품, 믿음, 비전, 사랑, 감사하는 마음 등을 보라는 말이다. 그러므로 하나님의 사람을 키우기 위해서는 하나님께 간절한 마음으로 기도하면서 하나님이 보게 하고 하나님이 인도해 주시고 하나님이 말씀해 주시는 사람을 키워야 한다.

또한 하나님의 사람을 키우기 위해서는 말씀과 성령의 능력을 믿어야 한다. "하나님의 말씀은 살았고 운동력이 있어 좌우 날선 어떤 검보다 예리하여 혼과 영과 및 관절과 골수를 찔러 쪼개기까지 하며"(히 4:12)라 했으니 말씀을 전하면 성령님께서는 말씀을 통해 역사하셔서 사람들의 생각과 가치관과 삶에 목적을 변화시켜 커다란 성장과 성숙을 갖게 한다.

우리는 어떤 사람을 처음에 만났을 때 그 사람의 과거와 현재 그리고 미래에 대해 알지 못하며 그 사람의 재능과 성품과 성장 과정을 알지 못하고 그 사람을 향한 하나님의 계획과 섭리를 알지 못한다. 그러기에 누군가를 쉽게 단정하고 평가하면 결코 사람을 키울 수 없다. 옛 속담에 사람은 열 번 된다는 말이 있다. 세상의 사람들도 그러 하건데 하나님께서 사람을 어떻게 변화시키시고 사용하실 지는 아무도 알 수 없다. 예수 그리스도를 구주로 영접함으로 하나님의 자녀가 되는 진정한 거듭남이 있다면 성령의 내주의 역사로 성령님께서 그를 가르치고 어루만지고 치유하고 터치하기 때문에 그 변화는 우리로서는 상상할 수 없다.

그러므로 하나님의 계획과 섭리를 알지 못하는 우리가 누군가의 미래를 함부로 단정 지어서는 안 된다. 내 사람을 키우려 하지 말고 하나님의 사람으로 키우려는 생각과 태도가 절대 필요하다. 자녀도 내 자녀로 키우려 하다면 실패할 것이다. 왜냐면 내 사람으로 키우려고 하면 내 기준으로 평가하고 내가 소망하는 사람으로 키우려 하기 때문이다. 잘못된 생각은 하나님의 계획과 하나님이 주신 재능과 은사를 무시하고 잠재력을 제한하기 때문에 하나님의 사람으로 키울 수 없다. 더욱이 내 기준으로 사람을 보고 단점을 지적하고 비판하고 정죄하기 때문에 건강한 인격체로 키우지 못하고 그를 바르게 인도하지 못해 사회에 구성원으로도 실패하고 하나님 나라에 일꾼으로 성장시키지 못한다.

마지막으로 하나님의 사람을 바르게 키우기 위해서는 중보기도의 중요성을 깊이 인식해야만 한다. 앞에서 언급했듯이 하나님의 사람은 말씀과 성령으로 키워야만 한다. 그런데 에스겔서 37장 7절부터 10절에 기록된 대로 말씀은 자신의 실체를 알게 하지만 생기를 불어 넣으사 하나님의 사람으로 살게 하는 것은 성령이 하시는 일이다. 나는 하나님의 말씀을 전할 수는 있지만 성령의 역사는 기도를 통해서만 이루어진다. 내가 어떤 사람으로 어떤 인물로 키우겠다는 계획을 세우는 것이 아니라 성령께서 하나님의 방법대로 조성하시고 역사하시기를 기대하며 기도하는 것 그것이 하나님의 사람을 키우는 사람들이 해야 할 일이다. 간혹 하나님의 사람을 키우고 싶으나 어떻게 해야 되는지 모르는 사람들도 있다. 하나님의 사람을 키우는 일이 거창한 프로젝트처럼 여겨져 시작하기 부담스러워 하는 사람들도 있다. 그러나 그 것은 작은 일에서부터 시작된다. 가장 많이 접하는 방법으로는 교회학교에서 교사로서 또는 목장에서 목자로서 일정 기간 동안, 일정 과정을 키우는 방법이 있다. 한 신앙의 인물로 성장시키는 것은 한 사람이 태어나 사회에 한 인물로서 성장과정이 필요하듯 신앙도 유아기, 유치원생, 초등학생, 중학생, 고등학생, 대학생, 청년, 장년, 노년의 때가 있다. 이런 과정의 때에 우리가 하나님이 주신 기회와 여건에서 신앙으로 또는 물질과 사랑으로 또는 깊은 중보기도로 키우는 것은 기쁘고 보람된 일이며 하나님이 기뻐하실 일이다.

저자가 알고 있는 모 교회 권사님은 고등부 교사로 섬기고 있는데 고등부 학생들을 가르친 후 대학을 졸업하고 군대를 가고 결혼을 한 후에도 계속 신앙으로 돌보고 어렵고 힘들 때 상담으로 돌보아 그들은 권사님을 영적 어머니로 여기고 있다. 그 권사님은 정말 귀한 영적 자녀인 디모데를 많이 키워 큰 행복과 성공적인 비범한 일을 성취하는 귀한 삶을 살고 있는 것이다. 또 신학생이나 재능은 있으나 재정적으로 어려운 학생들을 물질과 사랑과 기도로 후원하면서 키우는 방법도 참 유익한 방법이다. 사람이 성장하면 결혼을 하고 자녀를 키우듯 하나님의 사람들을 키우는 일은 그리스도인이라면 누구나 해야 할 일이다. 주님의 명령(마 28:18-20)을 가슴에 새기면서 우리가 다 하지 못한 하나님의 나라를 세우는데 필요한 일꾼들을 말씀에 의지하여 키우는 것은 참으로 보람되고 축복된 삶일 것이다.

하나님이 창조 시에 가정을 주셨고 예수님의 구속을 통해서는 교회를 주셨는데 가정과 교회는 하나님을 주신 거룩한 공동체일 뿐 아니라 인성과 영성을 키우는 귀중한 하나님의 교육기관이다. 그러기에 가정과 교회를 가장 귀하게 여기고 가정과 교회를 하나님의 뜻 가운데 세우는 사람들은 하나님을 영광스럽게 하기에 하나님의 최고의 축복을 받게 되고 교회에서 사람을 키우는 이 사명만큼 비범한 일은 없을 것이다.

9. 말씀에 의지하여 하나님의 전신갑주로 무장하라

(엡 6:10-20)

우리가 말씀에 의지하여 주님과 함께 성경적 패러다임으로 세상 가치에 도전할여 승리하기 위해서는 하나님의 전신갑주로 무정해야만 한다. 우리가 인생을 살아가면서 직면하고 있는 여러 문제들의 본질을 이해하지 못하면 수많은 영적인 싸움에서 실패할 수밖에 없을 것이다. 그리스도인 중에 많은 사람들은 예수만 믿으면 모든 것이 좋아지고 잘 되는 줄로 생각한다. 그러나 그것은 이스라엘 백성들의 출애굽과 광야생활과 가나안의 입성에 삶을 통해 우리에게 교훈하는 깊은 영적 의미를 망각하기 때문이다.

선택된 성도들은 출애굽(거듭남)과 광야(성화의 단계)와 가나안 땅(영화의 단계)에서의 삶의 과정을 다 경험하게 된다. 그 과정에 겪는 여러 가지 사건과 만남과 고난들은 영적 여정에서 모든 성도들이 겪게 되는 필연적인 과정이다. 선택된 성도들은 출애굽 후부터 가나안 땅을 완전히 정복할 때까지 끊임없는 영적 전투를 하게 된다. 곳곳에 도사리고 있는 적들(아말렉 군, 불레셋 군…), 환경(홍해 바다… 여리고성), 자중지란(고라당의 반란, 아론과 미리암의 도전 등 내부의 혼란…), 부정적 생각과 태도(견고한 성, 거민, 메뚜기), 원망과 불평, 낙심과 절망을 겪게 되는데 이 배후에는 사단의 궤계가 있다는 사실을 깊이 인식해야 한다.

인류의 역사나 개인의 삶은 혼의 역사가 아니라 하나님과 사단의 영적 역사의 결과인 것이다. 그래서 바울 사도는 "우리의 씨름은 혈과 육에 대한 것이 아니요 정사와 권세와 이 어두움의 세상 주관자들과 하늘에 있는 악의 영들에게 대함이라"(엡 6:12)고 말한 것이다.

이스라엘 백성의 애굽에서의 삶은 "정사와 권세와 이 어두움의 세상 주관자들과 하늘에 있는 악한 영들"(엡 6:12)에 의해 지배되었다. 또 광야에서 하나님의 주권적인 섭리 속에서 인도와 도움을 받으며 가나안을 향해 나아갈 때도 아말렉 군, 아론과 백성들의 우상숭배, 고라당의 반역, 발람의 사건, 가나안 군 등 다 '정사와 권세와 이 어두움의 세상 주관자들과 하늘에 있는 악한 영들'에게 조종 받는 존재들과 끊임없는 영적 전투를 해야만 했다. 예수님은 "도적(사단)이 오는 것은 도적질(믿음을, 소망을, 사랑을, 감사를)하고 죽이고(하나님과의 관계를 끊어 놓고) 멸망(영원히 지옥가게 하는 일)시키려는 것뿐이요 내가 온 것은 양으로 생명을 얻게 하고 더 풍성히 얻게 하려는 것이라"(요 10:10)는 말씀을 통해 우리가 사단의 목적을 정확히 알기를 원하셨다. 사단은 도적과 같은 존재로 자신의 정체를 감추고 우리 주위를 맴돌며 호시탐탐 기회를 엿보면서 우리에 것을 도적질해 가는 존재다. 또 하나님의 실존과 사랑과 능력에 대한 의심으로 하나님과의 관계를 끊어 우리의 영혼을 죽이고 우리를 멸망으로 추락시키려 한다.

사단을 히브리어로 디아불로스라고 하는데 이 말은 '~사이에'라는 의미의 '디아'와 '갈라놓다'라는 의미의 '불로스'의 합성어이다. 즉, 어떤 관계를 나누어지게 하고 파괴하는 것이 바로 사단의 역할이다. 사도 요한은 요한계시록 12장 9절과 10절에서 "큰 용이 내어 쫓기니 옛 뱀 곧 마귀라고도 하고 사단이라고도 하는 온

천하를 꾀는 자라… 내가 또 들으니 하늘에 큰 음성이 있어 가로되 이제 우리 하나님의 구원과 능력과 나라와 또 그의 그리스도의 권세가 이루었으니 우리 형제들을 참소하던 자 곧 우리 하나님 앞에서 밤낮 참소하던 자가 쫓겨났다"고 했다. 즉, 사단은 늘 하나님과 인간 사이를 갈라놓고, 남편과 아내 사이를 갈라놓고, 목사와 교인을 갈라놓고, 부모와 자녀를 갈라놓고, 주님을 사랑하는 형제와 형제 사이를 갈라놓아 관계를 파괴하는 일을 한다. 더구나 바울 사도가 "그런 사람들은 거짓 사도요 속이는 일꾼이니 자기를 그리스도의 사도로 가장하는 자들이니라 이것이 이상한 일이 아니라 사단도 자기를 광명의 천사로 가장하나니 그러므로 사단의 일꾼들도 자기를 의의 일꾼으로 가장하는 것이 또한 대단한 일이 아니니라 그들의 마지막은 그 행위대로 되리라"(고후 11:13-15)고 한 것처럼 사단은 스스로를 '광명의 천사'로 가장하고 그럴듯한 이론을 가지고 들어와서, 영광스런 주님의 몸 된 교회 공동체를 흔들곤 한다. 이것은 비단 교회뿐만 아니라 가정이든, 직장이든, 하나님과의 개인적인 관계든 간에 모든 종류의 관계를 파괴한다.

또한 사단은 우리의 마음과 생각을 이용해 역사하기도 한다. 교묘하게 인간의 마음속에 들어와 작은 생각 하나를 심는다. 가롯 유다가 예수님을 은 30개에 판 것도 사단이 인간의 마음을 이용했기 때문이다. "마귀가 벌써 시몬의 아들 가롯 유다의 마음에 예수를 팔려는 생각을 넣었더니"(요 13:2)라고 했다.

베드로가 예수님을 저주하고 맹세한 일 또한 우리는 단순히 베드로의 연약함과 어리석음의 결과로 생각하지만 예수님은 "시몬아 시몬아 보라 사단이 밀 까부르듯 하려고 너희를 청구하였으나… 그러나 내가 너를 위하여 네 믿음이 떨어지지 않기를 기도하였노니 너는 돌이킨 후에 네 형제를 굳게 하라"(눅 22:31-32)라고 말씀하심으로 사단이 베드로를 넘어지게 하는 것임을 분명히 하셨다. 그래서 사단의 역사를 여러 번 경험한 베드로는 "근신하라 깨어라 너희 대적 마귀가 우는 사자 같이 두루 다니며 삼킬 자를 찾나니… 너희는 믿음을 굳게 하여 저를 대적하라"(벧전 5:8-9)고 말했던 것이다.

이처럼 모든 미혹과 혼미와 갈등의 배후에는 사단의 역사가 있다는 사실을 꼭 기억해야 한다. 우리는 지금 영적인 싸움을 싸우고 있다. 이것은 단순한 인간의 문제가 아니다. 우리는 이 사단과 싸워야 하는데 사단은 아주 힘이 있고 궤계를 쓰는 지혜가 있다. 권세가 있고 능력이 있다. 그러므로 우리는 혼자 힘으로 사단을 대적할 수가 없다. 하나님의 도움이 없이는 절대로 사단을 이길 수가 없다. 사단이 능력이 있고, 권세가 있지만 전능한 존재는 아니다. 오직 하나님만이 전능하시다. 사단과 싸워 이기려면 하나님의 도우심을 받아야 한다.

사도 바울은 에베소서를 통해 우리가 어떻게 사단과 싸워 이 영적 전쟁에서 승리할 수 있는지 이야기 하고 있다. 사도 바울은

5장, 6장에서 남편과 아내와의 관계, 부모와 자녀와의 관계, 상전과 종의 관계에 대한 권면을 한다(엡 5:22-6:9). 사도 바울은 성도로서 교회, 가정, 사회생활 속에서 일치의 삶의 비결을 언급한 이후 곧이어 이러한 일치의 삶을 파괴시키고 성도를 무기력하게 만드는 사단의 권세들과의 영적 투쟁을 촉구한다. 바울은 "우리의 씨름은 혈과 유에 대한 것이 아니요 정사와 권세와 이 어두움의 세상 주관자들과 하늘에 있는 악의 영들에게 대함이라"(엡 6:12)고 말함으로 이 전쟁이 영적 전쟁임을 분명히 했고, "종말로 너희가 주 안에서와 그 힘의 능력으로 강건하여지고 마귀의 궤계를 능히 대적하기 위하여 하나님의 전신 갑주를 입으라"(엡 6:10-11)는 말씀을 통해 하나님의 도우심이 반드시 필요함을 이야기 하고 있다.

다만 이 말씀에서 우리가 놓치지 말아야 하는 것은 사단을 대적하기 위해서 하나님의 도우심이 필요한 것은 사실이지만 본질적으로 이것이 우리의 싸움이라는 것이다. 영적 전투에서 우리가 할 일은 없고 하나님이 다 하셔야 할 것 같은데 바울 사도는 분명히 '우리의 씨름'이라고 말하고 있다. 내가 해야 할 일이 있다는 것이다. 내가 책임을 다해서 어떻게든 승리해야 한다는 각오가 없이는 승리할 수 없는 싸움이 우리의 영적 싸움이다.

사도 바울은 우리에게 "하나님의 전신갑주를 입으라"(엡 6:11)고 했는데 그 전신갑주란 우리의 온몸을 다 감싸는 갑옷을 입으라는 말이다. 옛날 전쟁 때는 갑옷을 입었고 불화살을 쐈다. 만일에 이 갑옷에 조금만 틈이 있으면 적이 그 틈을 비집고 공격해 불화살을 꽂을 것이다. 바울은 마귀로 틈을 타지 못하게 하라는 것이다. 혹시 우리의 생활 속에 사단에게 틈을 내어주고 있는 부분은 없는가? 틈이 생기면 그 즉시 사단이 그곳을 비집고 들어온다는 사실을 기억하자. 그리고 약한 곳이 없도록 온전히 무장하자.

에베소서 6장 14절부터 17절에 "그런즉 서서 진리로 너희 허리띠를 띠고 의의 흉배를 붙이고 평안의 복음의 예비한 것으로 신을 신고 모든 것 위에 믿음의 방패를 가지고 이로써 능히 악한 자의 모든 화전을 소멸하고 구원의 투구와 성령의 검 곧 하나님의 말씀을 가지라" 했다. 무장에 대해 말하면서 바울은 허리부터 시작했다. 무장에서 제일 중요한 부분이 허리 부분이다. 허리가 허술하면 모든 것이 허술해진다. 허리는 몸의 중심이며 허리가 상하면 사람은 걸음도 걸을 수 없고 짐도 짊어질 수 없고 일도 할 수 없고 반드시 누워 있어야 된다. 허리가 강해야 몸이 튼튼해지는 것이다. 그래서 허리를 꽉 졸라매야 한다. 진리로 너희 허리띠를 띠라 했는데 진리는 참과 성실과 진실을 의미하는 말이다. 다시 말하면 우리가 영적인 싸움에서 승리하기 위해서는 하나님 앞에 성실하게 참되게 진지하게 서는 자세가 우선되어야 한다는 것이다. 진지하고 신실한 자세에서부터 우리는 마귀와 싸움을 시작하는 것이다.

그리고 의의 흉배를 붙여야 한다. 마귀가 우리를 찌르는 가장 급소는 바로 이 부분이다. 조금이라도 불의한 요소가 우리 삶 속에 들어오면 마귀는 하나님 앞에 달려가서 이렇게 참소한다. 죄를 범하면 마귀는 그 틈을 비집고 들어와 우리를 넘어지게 한다. 마귀에게 우리를 고발하고 참소할 여지를 주지 말아야 한다. 바로 그것 때문에 하나님께서는 우리가 예수를 믿는 그 순간에 무엇보다도 먼저 의롭다 함을 선물로 주시는 것이다.

로마서 5장 1절에 "우리가 믿음으로 의롭다 하심을 얻었은즉"이라고 말씀했고 로마서 8장 33절에 "누가 능히 하나님의 택하신 자들을 송사하리요 의롭다 하신 이는 하나님이시니"라 했다. 주님은 먼저 우리를 의롭다 하시고 그 다음에 우리를 의롭게 살도록 지도하신다. 그래서 우리가 의롭다 함을 얻었고 의롭게 살고 있다는, 삶에 대한 긍지를 갖기 시작할 때 우리는 마귀를 이길 수 있는 승리의 자리에 서기 시작한다.

다음은 평안의 복음의 예비한 것으로 신을 신어야 한다. 신발 없이 자갈밭을 걸어가거나 가시와 엉겅퀴 위를 걸어가면 피투성이가 되어 못 걸어갈 것이다. 옛날에 종과 아들은 똑같이 밭에서 일하면 겉으로 보면 누가 종이고 아들인지 모른다. 그러나 아들은 신을 신고 종은 맨발을 벗고 있다. 우리가 하나님의 아들이 되었으니 주님은 신발을 신겨 주신다. 여기서 복음을 평안의 복음이라고 불렀다. 이 복음을 통해서 우리는 하나님과 화평케 된다. 하나님과 가까워지고 화목 하는 놀라운 삶이 이룰 뿐만 아니라 우리 그리스도인끼리 서로 화평하게 되었다. 이 평화의 복음의 신을 신고 다니면서 우리는 평화의 복음을 전하며 이웃과 평화해야 한다.

모든 것 위에 믿음의 방패를 가지라 했다. 이 모든 것이 다 중요하지만 그 위에 꼭 이것을 가져야 하는데 그것이 바로 믿음의 방패라는 말이다. 옛날 전쟁에서는 방패가 아주 중요한 무기였다. 방패 없이 싸운다는 것은 있을 수 없는 일이었다. 방패는 방어용 무기도 되고 공격용 무기도 되었다.

바울은 이 방패를 믿음에 비유하여 끊임없이 하나님을 의지하는 믿음이로 우리를 적에게서 보호하는 것이다. 사단을 이길 수 있는 무기는 믿음 밖에 없다. 하나님을 의지 하라는 것은 성경이 처음부터 끝까지 강조하고 있는 가장 중요한 핵심 메시지다.

사단은 계속 우리를 겨냥하고 화살을 쏘고 있다. 틈만 있으면 이 화살이 날아와 우리 몸에 박힌다. 그러므로 악한 자의 불화살을 믿음의 방패를 가지고 막아야 한다. 하나님을 온전히 의지하는 강한 믿음은 능히 사단의 불화살을 막아내고 소멸시킨다. 믿음은 위대한 힘이 있다. 우리 예수 믿는 사람에게 가장 위대한 선물이 믿음의 선물이다.

"대저 하나님께로서 난 자마다 세상을 이기느니라 세상을 이기는 이김은 이것이니 우리의 믿음이니라" (요일 5:4)

그리고 우리는 머리에 구원의 투구를 써야 된다. 머리는 참 중요하다. 다른 데는 다쳐도 고침을 받을 수 있지만 머리가 깨어지면 사람은 죽는다. 그래서 공사장에서 일하는 사람들이나 운동선수들이 머리에 헬멧을 쓰듯이 우리 신앙생활에서도 머리에 투구를 써야 된다. 머리를 칼로 내려치거나 창으로 찔러도 꿈쩍하지 말아야 된다.

이 머리라는 것은 생각을 비유한 것이다. 사단은 생각에 들어와서 '나는 못한다. 안 된다. 할 수 없다. 나는 슬프다. 불행하다. 패배자다.'라는 부정적인 생각을 갖도록 만든다. 이러한 사단의 역사를 막기 위해 머리에 구원의 투구를 쓰고 하나님의 약속된 말씀을 믿음으로 절대 긍정의 생각을 갖고 도전하자. 왜냐하면 주님은 우리에게 구원과 소망을 주기 위해서 오셨고 주님에게는 모든 것이 절대 희망이요 절대 가능이다.

그 다음에 성령의 검, 곧 하나님의 말씀을 가지라고 했다. 지금까지 등장한 무기는 방어용이었지만 하나님의 말씀은 공격용 무기인 칼이다. "말씀은 살았고 운동력이 있어 좌우에 날선 어떤 검보다 예리하여 혼과 영과 관절과 골수를 쪼갠다"(히 4:12)고 하였다. 성경에 나타난 비범한 일을 성취했던 사람들은 사단의 유혹을 말씀으로 승리했다. 지식이나 돈, 권력, 경험이 아닌 말씀으로 이겼다. 예수님께서도 마귀를 물리치실 때 하나님의 말씀을 사용하셨다. 영혼이 흔들릴 때 유혹이 올 때 의지가 약해지려 할 때마다 하나님의 말씀을 암송하고 그 말씀을 묵상하여 주님의 말씀에 푹 잠기라.

무장을 하는데 있어서 필요한 마음자세가 있다. 성경은 "그러므로 하나님의 전신갑주를 취하라 이는 악한 날에 너희가 능히 대적하고 모든 일을 행한 후에 서기 위함이라"(엡 6:13)했다. 여기서 중요한 말은 '선다'는 말이다. 전쟁이란 한두 번의 전투로 끝나지 않고 수없이 많은 전투로 전세가 불리할 때도 있고 유리할 때도 있다. 중요한 것은 넘어져도 일어서야 한다는 것이다. 하나님의 자녀도 넘어질 때가 있겠지만 아주 넘어지지 말아야 하겠다. 그 이유는 하나님이 능력의 오른손으로 우리를 붙들어 주시고 우리의 영혼을 소생시켜 주시기 때문이다.

끝으로 이 모든 무장 위에 한 가지 더할 것이 내적인 능력이다. 그것은 바로 "성령 안에서의 기도"(엡 6:18)이며 성령 안에서의 기도는 우리 능력의 필요충분조건이다. 기도 없이 우리의 싸움을 승리로 이끌 수가 없다. 특별히 주의 종을 위해 중보기도를 해야 한다. 에베소서 6장 19절에 "또 나를 위하여 구할 것은 내게 말씀을 주사 나로 입을 벌려 복음의 비밀을 담대히 알리게 하옵소서 할 것이니"라고 했다.

우리가 주의 종을 위해 중보기도 함으로 마귀가 주의 종과 성도간의 사랑과 은혜의 관계에 틈타지 못하도록 해야 한다. 사단은 특별히 주의 종과 성도 간에 관계에 갈등을 갖게 하여 말씀을 믿지 못하게 하고 사랑과 신뢰에 금이 가도록 역사한다. 그러므로 우리는 목사를 위한 중보기도에 힘써야 한다.

6장

비범한 일을 성취한 사람들의 공통점

1. 부정적 생각과 태도를 말씀과 믿음으로 극복했다

우리는 삶을 살아가면서 환경, 사람, 불확실한 미래, 조건들로 인해 부정적인 생각과 태도(삿 6:15)를 갖게 된다. 자신과 어떤 일, 안 된다, 할 수 없다, 불가능하다, 나쁘다, 힘들다는 부정적인 생각과 태도를 갖고 있는 한 아무 것도 보이지 않고, 아무 것도 들을 수 없고, 어떤 지혜나 영감도 떠오르지 않으며, 아무런 의욕도 열정도 가질 수 없다. 꿈과 비전도 없이 두려움 속에서 하나님과의 관계마저 단절시킬 수 있다.

비범한 일을 성취하는 사람들은 생사화복의 절대 주권자이시며 살아 역사하시는 하나님의 "인정하심"(삿 6:12 "큰 용사여")과 "선택하심"(삿 6:14 "내가 너를 보낸 것이 아니냐")과 "함께 하심"(삿 6:16 "내가 반드시 너와 함께 하리니")의 '약속의 음성'(말씀)을 믿는다.

"오직 의인은 믿음으로 말미암아 살리라" (롬 1:17)

이는 약속의 말씀을 믿는 사람만이 의인으로 살 수 있고 능력 있는 삶을 살 수 있다는 것이고 "행함이 없는 믿음은 그 자체가 죽은 것이라"(약 2:17) 하신 것처럼 정말 믿으면 행하게 되고 순종하게 되는 것이다. 비범한 일을 성취하는 사람들은 하나님이 주신 약속의 말씀을 믿고 순종함으로 능력 있는 삶을 산 사람들이다.

창조주 하나님이 자신을 큰 용사가 될 사람으로 인정한 것을 믿는 믿음, 독생자를 주시기까지 사랑할 사람으로 선택했음을 믿는 믿음, 항상 자신과 함께 하셔서 위대한 역사를 행하실 것을 믿는 믿음을 가진 사람들은 하나님의 자녀로 택함 받은 존재라는 자신의 정체성을 분명히 알게 된 사람들로 긍정적이고 적극적인 삶으로 변화되어 하나님의 은혜를 구하며 비범한 일에 도전하는 삶을 살았다.

2. 하나님과 말씀의 위대하심(기적)을 듣고 보고 체험했다

우리는 거듭난 성도들로 '영의 눈'을 가졌지만 또한 '육의 눈'도 갖고 있기에 '우리를 위축케 하는 환경'(낙공불락의 여리고 성)과 '우리의 행복과 성공을 가로막는 힘센 사람들'(네피림의 후손인 아낙 자손)과 '우리의 형편없는 능력과 모습'(메뚜기)을 보며 불안해하고 의심하게 된다. 베드로가 '영의 눈'으로 "주님만 바라볼 때는 불가능하게 여겨질 환경도 극복하고 앞으로 나아갈 수 있었기에"

(마 14:29) 물위를 걸을 수 있었지만, '육의 눈'으로 "바람을 볼 때는 환경에 침몰 당하게"(마 14:30) 되는 것처럼 우리가 육의 눈으로 환경과 사람과 자신을 바라보면 우리는 늘 넘어지고 좌절하게 되고 상처를 입게 된다.

우리 모두는 신앙의 길을 가면서 반신반의 하며 '축복의 땅'(말씀, 약속, 가나안)을 향해 간다. 누구도 '하나님의 약속의 말씀'을 100% 완전히 믿고 의지하지는 못한다. 아브라함도 100% 완전한 믿음을 갖고 가지 못했다. 하나님을 100% 믿지 못했기에 "본토 친척 아비 집을 떠나 내가 네게 지시할 땅으로 가라"(창 12:1) 할 때 조카 롯을 데리고 갔고(창 12:4) 기근이 있자 남방으로 갔으며(창 12:10) 아내를 누이라 속이고 바로에게 주는 치욕스런 행동을 하고(창 12:15) 자신의 몸종 다메섹 엘리에셀을 후사로 생각하고(창 15:2) 사라의 몸종 하갈을 통해 이스마엘을 낳는(창 16:2) 모습을 보게 된다. 믿음의 조상이라는 아브라함도 이러할진대 하물며 다른 사람은 어떠하겠는가!

히브리서 11장에 나오는 "세상이 감당치 못하는"(히 11:38) 믿음의 영웅들도 한 시대에 커다란 부흥의 역사를 이룬 수많은 영적 거성들도 100%의 믿음을 갖고 '약속된 말씀'을 좇아 가지 못했다. 끊임없는 회의와 갈등과 불안과 두려움이 있었다. 그럼에도 불구하고 그들은 회의와 갈등을 이기고 마침내 승리의 깃발을 꽂을 수 있었던 것은 '하나님의 위대하심과 말씀의 위대하심'을 듣고 보고 체험하는 수많은 은혜가 있었기 때문이다. 그들이 직접 체험한 은혜의 역사들이 포기할 수밖에 없는 절박한 상황 속에서도 주저앉지 않고 하나님의 약속의 말씀을 붙잡고 푯대를 향해 나아갈 수 있게 만들었던 것이다.

3. 하나님과 친밀한 사랑의 관계에 최우선을 두었다

우리는 신앙생활을 하면서 하나님의 위대하심과 말씀의 위대하심을 체험한 후에도 여전히 하나님보다 세상을 더 사랑하곤 한다. 하나님보다 세상의 것들을 더 귀하게 여기고, 무서워하고, 의지하는 각자의 우상들을 버리지 못하고 산다. 하나님이 그토록 싫어하는 것임에도 불구하고 하나님의 말씀을 가볍게 여기고 늘 교만함으로 내 생각과 내 경험과 내 의지로 살아가는 "밤이 맞도록 수고하였으되 얻은 것이 없는"(눅 5:5) 인생이 우리의 인생이다. 우리들은 여전히 무엇을 '더' 먹을까, 무엇을 '더' 마실까, 무엇을 '더' 입을까(마 6:31) 이기적인 생각과 삶을 벗어나지 못하고 있다. 더욱이 '하나님을 아는 일'에는 무관심하여 성경을 읽는 일도 하나님을 경험하는 일도 소홀히 하며 살기에 하나님과의 관계는 어긋나 버리기 일수이고, 성령 충만을 받지 못함으로 '성령의 나타남'이 없고 성령의 열매도 없다. 우리는 광야의 이스라엘 백성들처럼 조금만 환경이 어려워지고 우리를 괴롭히고 가로막는 사람들이 생기면 여전히 하나님을 원망하고 낙심하고 불평하며 부정적인 생각과 태도로 삶을 살기에 한 발자국도 전진하지 못하고 변화하지 못하고 있다.

그러나 하나님과 함께 비범한 일을 성취했던 믿음의 사람들은 하나님의 위대하심과 말씀의 위대하심을 체험한 후 무엇보다 '하나님과의 친밀한 사랑의 관계'에 최우선을 두고 살았던 사람들이다. 그들은 "나와 내 집은 여호와만 섬기겠노라"(수 24:15)는 여호수아의 고백처럼 하나님만 섬기기로 "뜻을 정하고"(단 1:8) 하나님 안에 거하는 삶을 산다.

또, "여호와의 말씀에 내 생각은 너희 생각과 다르며 내 길은 너희 길과 달라서 하늘이 땅보다 높음 같이 내 길은 너희 길보다 높으며 내 생각은 너희 생각보다 높으니라"(사 55:89)는 말씀을 겸손하게 받아 고정 관념이나 선입견을 버리고 하나님 앞에 무릎을 꿇고 끊임없이 은혜를 구했던 사람들이다. 그리하여 그들은 베드로처럼 "고기를 에운 것이 심히 많아 그물이 찢어지는"(눅 5:6) 만선의 축복을 경험하게 되고, "무서워 말라 이제 후로는 네가 사람을 취하리라"(눅 5:10)는 축복된 비전을 받는 삶을 살았다.

내가 바라고 소망하는 꿈이 아니라 하나님이 나를 통해 이루시고자 미리 보여 주시고 약속해 주시는 하나님의 꿈인 비전을 가진 사람만이 "모든 것을 버려두고 예수를 좇을 수"(눅 5:11) 있는 삶으로, 비전에 이끌려 하나님과 함께 살았던 것이다.

비범한 일을 성취하는 삶을 살았던 사람들은 요셉과 같이 '하나님의 지혜의 말씀'(창 41:38-40)이 임함으로 바로 왕을 움직이고 백성을 다스리는 권능 있는 삶을 살며, 예수님의 "너희는 먼저 그의 나라와 그의 의를 구하라 그리하면 이 모든 것을 너희에게 더 하시리라"(마 6:33)는 말씀대로 하나님 중심, 말씀 중심, 교회 중심의 삶을 살면서 "이 세상이나 세상에 있는 것들을 사랑치 않으며"(요일 2:15-17) 오직 하나님 한 분만으로 족한 삶을 살았다(합 3:17-19). 그들은 하나님과의 관계를 회복함으로 비범한 일을 성취하는 삶을 살았던 것이다.

4. 성령의 충만을 끊임없이 갈망했다

오늘날 성도들의 문제는 "자녀로써의 권세"(요 1:12)는 있는데 하나님의 자녀로서 빛과 소금의 역할을 감당하며 살아갈 수 있는 "능력"(눅 24:49)이 없다는데 있다. '권세' Exousia란 말은 어떠한 능력을 자유로이 행사할 수 있는 권리를 의미하는 반면 '능력' Dunamis이라는 말은 흔히 '기적'과 관련하여 사용되는 용어로서 어떠한 일을 행할 수 있는 힘 또는 재능을 의미한다. 즉, 거듭남으로 하나님의 자녀가 되는 은혜를 받기는 했으나 성령이 충만하기를 간구하지 않으므로 성령의 나타나심이 나타나지 않는 것이다. 현재 우리의 신앙에는 '신앙'만 있을 뿐 '하나님'이 계시지 않는다. 우리는 우리가 생각하는 신앙을 믿을 뿐이다. 그래서 우리는 아무것도 이룩하지 못하고, 어떤 능력도 보일 수 없는 것이다.

그러나 우리가 자녀 된 권세를 받았다면 이제는 위로부터 입히워지는 능력을 갈망해야 한다. 그래야 어떤 환경과 고난 가운데서도 지혜롭고 담대하고 능력 있게 삶을 살아 세상에서도 존귀하며 창대한 사람이 될 것이며 복음을 힘 있게 증거 할 수 있게 된다.

예수님께서는 부활하신 후 성령을 받으라고 말씀하시며 "오직 성령이 너희에게 임하시면 너희가 권능을 받고 예루살렘과 온 유대와 사마리아와 땅 끝까지 이르러 내 증인이 되리라"(행 1:8)라고 하신다. 이 말씀을 통해 예수님은 하나님의 자녀인 제자들에게 성령이 임하므로 자녀로서의 권세 위에 능력이 입히워져 "권능"(행 1:8)의 사람이 되어야 하고 이로 인해 세상을 변화시킬 "증인"(행 1:8)이 되어야 한다고 말씀하고 있는 것이다. "내 말과 내 전도함이 지혜의 권하는 말로 하지 아니하고 다만 '성령의 나타남'과 능력"(고전 2:4)으로 한다는 사도 바울의 고백처럼 하나님께 쓰임 받은 사람들은 성령의 충만을 끊임없이 갈망하여 성령의 은사를 받고 '성령의 나타남' 속에 권능의 삶을 살면서 복음의 증인으로서의 삶을 살았다.

많은 사람들은 은사를 받으면 그것으로 끝인 줄 알지만 은사는 사용함으로서 계속 다듬어지고 강화된다는 사실을 알아야 한다. 많은 사람들이 은사는 개발하고, 적극 사용함으로서 강하게 활성화될 수 있다는 사실을 모르고 있다. 이는 실제로 사용해 보지 않고 관념적으로 이해하기 때문이다. 어떤 일을 잘하기 위해서는 노력하고 연구해야 그것이 개발되고 발전하듯 성령의 은사도 마찬가지이다. 지속적으로 개발하고 사용할 때 은사는 더욱 활성화된다. 그러므로 우리는 이미 받은 은사를 불일듯 일어나게 해야 한다. 성경에서도 "그러므로 내가 나의 안수함으로 네 속에 있는 하나님의 은사를 다시 불일듯하게 하기 위하여 너로 생각하게 하노니"(딤후 1:6)라고 기록되어 있다. 불일듯하다라는 헬라어는 아나조퓌레오로 '계속해서 타오르게 하다,' '불꽃을 계속해서 보존하다'는 뜻이다. 이는 디모데가 이미 받은 은사가 소멸되었기 때문에 새롭게 받아야 한다는 뜻이 아니라 이미 받은 은사를 더욱 분발하여 새롭게 하라는 말이다.

그런데 어떤 사람들은 은사를 받았음에도 불구하고 남들이 이상하게 여기지 않을까 하며 다른 사람의 눈치를 보느라 불일듯 하게 하기는커녕 오히려 사장시켜서 은사를 소멸시킨다. 그러나 오랫동안 이렇게 은사를 사장해 놓으면 예수님으로부터 악하고 게으른 종이라고 책망 받고 갖고 있는 은사도 빼앗기게 될 것이다(마 25:29).

더구나 은사를 사용하고 활용하지 않으면 "성령이 소멸"(살전 5:19)되어진다는 사실을 깊이 자각해야 한다. 은사를 활용하지 않는 것은 달란트를 묻어 두는 게으른 종과 같다. 은사는 사용하지 않으면 영적 근육이 굳어져서 그 수준에서 머물게 된다. 하나님이 우리에게 은사를 주신 것은 그것을 사용해 하나님의 선한 일을 확장시키라고 주신 것이다.

그러므로 우리는 이미 받은 은사는 적극적으로 사용함으로써 더욱 불일듯 하게 하고 또한 내가 이런 저런 이유 때문에 의도적으로 사장시켰다면 회개하고 기도에 힘씀으로 다시 하나님의 은혜 안에서 성령이 충만해져 성령의 은사들이 나타날 수 있도록 구해야 할 것이다.

또 많은 사람들이 '은사란 선물'이므로 하나님이 원하시면 그냥 주실 것이라면서 구할 생각을 하지 않는다는 것이다. 어떤 사람은 '하나님이 나에게 구할 마음을 주시지 않는 것을 보니 나에게는 그런 은사를 주시지 않을 모양이다'라면서 구하지 않는 것을 정당화하기도 한다. 은사가 선물이고 사람들에게 선물을 받을 때는 선물을 주는 대로 받는다는 것은 맞는 이야기이다. 그러나 아버지의 선물은 주는 대로 우리가 받기도 하지만 하나님이 '내가 원하는 선물'을 주시기도 한다. 하나님 아버지는 '내가 원하는 선물'(은사)을 주시길 즐겨 하신다.

성경은 은사에 대해 "사랑을 추구하며 신령한 것을 사모하되 특별히 예언을 하려고 하라"(고전 14:1)고 명령한다. 여기서 '사모하되'의 헬라어는 '젤-로'인데 그 뜻은 그냥 사모하는 것이 아니라 '시기할 정도로 구하다.' '몹시 바라고 간절하게 탐내다.'는 뜻을 가지고 있다. 여기서 파생된 '사모하는'은 젤-로(동사)의 형용사형인 '젤-로테스'인데 예수님 당시의 열심당을 말하는 질롯jealot에서 생긴 단어다. 바울은 고린도 교인들이 신령한 것을 몹시 바라고 간절하게 탐내는 자들임을 긍정적으로 인정한 후 그 열심을 발휘하여 신령한 은사들이 더욱 풍성하기를 구하라고 명령하고 있다.

그럼에도 불구하고 오늘날 어떤 사람은 '은사보다는 은사를 주신 분이 더 중요하다'면서 은사를 사모하고 구하는 것을 가볍게 생각하는 사람도 있다. 그러나 이것은 옳은 태도가 아니다. 물론 우리에게는 은사를 주시는 하나님이 제일 중요하지만 그 하나님을 더 잘 섬기고 그 하나님의 뜻을 더 잘 행하기 위해 그 하나님이 주신 은사도 구해서 받아야 한다.

성경은 분명하게 "사랑을 따라 구하라. 신령한 것들(은사)을 시기할 정도로 몹시 바라고 간절하게 탐내라. 특별히 예언을 하려고 하라"(고전 14:1)고 기록해 놓았다. 특별히 예언이 강조되었던 것은 예언은 하나님이 하실 '사랑과 능력의 역사'를 사람들에게 말하는 것이기 때문이다. 하나님 아버지의 '사랑의 마음'을 품으면 사람들의 아픔과 필요가 느껴지고 보여 지고 그 사람을 축복된 길로 인도할 지혜의 말씀의 말이 예언되어진다.

예수님께서 사람들에게 예언하셨던 것은 예수님 마음 안에 하나님의 마음이 가득 차 있기에 하나님의 지혜, 하나님의 사랑, 하나님의 능력이 나타나고 사람들의 마음을 치유하고 사람들을 위로하고 소망으로 인도할 예언들이 넘치게 된 것이다.

이렇듯 하나님의 은혜 안에 거하며 비범한 일을 성취했던 사람들은 모든 '우상과 교만과 이기심'을 버리고 또 하나님을 깊이 알아감으로 '성령의 기름 부음'을 넘치게 받아 '성령의 충만'(우리의 속사람을 지배하고 밖으로 넘치는)을 받아 성령의 나타남 속에서 성령의 은사로 예수님을 증거 하는 권능의 삶을 살았으며 하나님의 사랑의 마음을 품고 이웃을 향해 하나님의 사랑과 능력을 전했던 사람들이었다.

5. 성경적 패러다임으로 세상의 가치에 도전했다

기드온은 "성령의 강림"(삿 6:34)을 통해 성령의 충만한 역사를 체험했고 그 후 담대한 "믿음의 은사"(삿 7:1-23)로 하나님 말씀에 순종하여 300명의 군사로 전쟁터에 나아갈 수 있었다. '육의 눈'으로 세상의 관점으로 볼 때 불안과 염려가 물밀 듯 밀려올 상황이었지만 그는 세상을 두려워하지도 사람을 두려워하지도 않았다.

부정적인 생각과 태도로 소극적이었던 이전의 기드온이라면 '원망과 낙심해야 할 상황'(삿 7:1-8)인 것이 분명해 보이는데도 그는 오로지 '하나님의 말씀에 의지하여' 300명의 군대로 대적과 싸웠다.

성경에는 "미디안 사람과 아멜렉 사람과 동방의 모든 사람이 골짜기에 누워는 데 메뚜기의 중다함 같고 그 약대의 무수함이 해변의 모래가 수다함 같은"(삿 7:12) 이라고 표현하고 있다. 적의 수가 해변의 모래 같이 많았다는 것이다. 그럼에도 불구하고 기드온이 용감하게 나아갈 수 있었던 것은 오직 "일어나 내려가서 적진을 치라 내가 그것을 네 손에 붙였느니라"(삿 7:9)는 하나님의 말씀을 믿었기 때문이다. 그리고 그는 하나님의 말씀을 신뢰하고 순종함으로 300명의 군사로 나아가 대승을 거두는 놀라운 역사를 체험할 수 있었다.

300명의 군사만으로 대적을 향해 나아가는 것. 이것은 우리의 이성으로는 절대 있을 수 없는 일이다. 우리의 감정과 의지로는 결코 나아갈 수 없다. 상식적으로 생각해봐도 군사는 많아야 하는데 어떻게 모집된 군사를 되돌려 보낼 수가 있는가. 설령 300명 군사로 싸운다 할지라도 예비군으로라도 많은 군사는 있어야 군인들의 사기를 높일 수 있다고 생각할 것이다.

그러나 우리 그리스도인은 '세상 사람들의 생각'과 '세상적인 가치관'으로 살아가는 사람들이 아니라 '하나님의 절대 주권에 대한 믿음'과 '성경적 패러다임'으로 살아야 할 사람들이다. 육에 속한 세상은 양육강식의 사회이고, 물질만능의 사회이고, 보이는 것에 좌우되는 사회이다. 그래서 세상 사람들은 죽으면 끝이라 생각하고 이 세상에서 쾌락을 누리려 한다. 이 세상에서 부귀영화를 누릴 수만 있다면 어떠한 언행도 서슴없이 행하며 산다. 그러나 이 세상에서의 부귀영화는 잠시 잠깐의 안개와 같은 것이다. 성경은 "모든 육체는 풀과 같고 그 모든 영광이 풀의 꽃과 같으니 풀은 마르고 꽃은 떨어지되 오직 주의 말씀은 세세토록 있도다"(벧전 1:24-25)라고 말하며 이 세상의 것들은 모두 풀의 꽃처럼 잠깐 있다가 없어지는 유한한 것임을 말하고 영원한 하나님의 말씀을 믿고 순종해야 함을 말하고 있다.

비범한 일을 성취하는 삶을 살았던 모세의 삶을 성경은 이렇게 기록해 놓았다.

> "믿음으로 모세는 장성하여 바로 공주의 아들이라 칭함을 거절하고 도리어 하나님의 백성과 함께 고난 받기를 잠시 죄악의 낙을 누리는 것보다 더 좋아하고 그리스도를 위하여 받는 능욕을 애굽의 모든 보화보다 더 큰 재물로 여겼으니 이는 상 주심을 바라봄이라"(히 11:24-26)

세상 사람들의 생각이나 세상의 가치로는 모세가 공주의 아들로 부귀영화를 누리는 것을 더 귀하게 여기지만 그는 부귀영화를 '거절하고' 하나님의 백성과 함께 사는 것을 '더 좋아하고' 세상의 금은보화보다 '하늘의 상 주심'을 바라보며 성경적 패러다임으로 세상의 가치에 도전했다. 모세의 삶의 여정에는 위기도 많았지만 세상 사람들의 권력에 좌우되지 않고 "곧 보이지 아니하는 자를 보는 것 같이 하여"(히 11:27)와 같이 오직 하나님의 임재하심을 온전히 의식하며 하나님과 함께 사랑을 나누고 성령의 능력을 받으며 세상의 가치에 도전하여 하나님의 인도와 도움으로 승리하여 큰일을 행했다.

이러한 모세의 삶은 우리에게 많은 도전을 준다. 세상과 다른 사람들의 시선이나 평가가 아니라 하나님의 관점을 가지고 하나님 안에 거함으로 하나님의 도우심으로 비범한 일을 성취하는 삶을 사는 것이 바로 하나님이 우리에게 바라시는 삶이다.

또 우리 그리스도인은 성경적 패러다임으로 세상 사람들의 생각과 세상 가치에 도전하며, 하나님의 살아 역사하시는 절대 주권을 증명했던 신명나는 "노아와 같은 삶"(히 11:7)을 살아야 한다. 하나님의 말씀인 성경은 "믿음으로 노아는 아직 보지 못하는 일에 경고하심을 받아 경외함으로 방주를 예비하여 그 집을 구원하였으니 이로 말미암아 세상을 정죄하고 믿음을 좇는 의의 후사가 되었느니라"(히 11:7)고 했다.

우리는 우리의 미래를 보지 못한다. 하지만 말씀에 의지하며 하나님의 '경고하심을 받고', 하나님의 절대주권을 믿음으로 '하나님을 경외함'으로 하나님 말씀에 순종함으로 '방주를 예비'할 수 있어야 한다. 그리함으로 나와 가족과 이웃을 축복으로 인도하는 '그 집을 구원하는' 믿음의 사람이 되어야 하며, 이로 말미암아 온갖 악한 것들과 '세상의 가치'를 정죄함으로 '믿음을 쫓는 의의 후사'들에게 믿는 자들이 얻는 승리의 기쁨을 알도록 하는 하나님의 축복의 전달자가 되어야 한다.

수류탄의 핀을 뽑아 사용해 보아야 수류탄의 폭발력과 능력을 알 수 있듯이 사랑의 의지를 가지고 하나님의 영광을 위해 성령의 충만을 간절히 끊임없이 갈망하면서 성령의 역사하심을 따라 성경적 패러다임으로 세상 가치에 도전해 보자.

"하나님은 크고 측량할 수 없는 일을 행하시며 기이한 일을 셀 수 없이 행하시

니"(욥 5:9)

모든 역사를 이루실 준비는 하나님이 하신다. 성경적 패러다임으로 세상의 가치에 도전하여 승리함으로 이스라엘 백성을 위기에서 구원하고 하나님께 영광을 돌리며 축복된 삶을 살았던 기드온처럼 온전히 하나님만을 의지하며 세상을 향해 도전해 보자. 모든 역사는 하나님이 하신다. 우리는 하나님 안에 거함으로 하나님을 믿으며 그가 하실 일을 기대하며 순종하기만 하면 된다.